U0100326

大展好書　好書大展
品嘗好書　冠群可期

大展好書　好書大展
品嘗好書　冠群可期

太極跤 3

中國式摔角

郭愼 著

大展出版社有限公司

國家圖書館出版品預行編目資料

中國式摔角/郭　慎　著
　　──初版，──臺北市，大展，2006〔民95〕
　　面；21公分，──（太極跤；3）
　　ISBN　957-468-463-6（平裝）

1.摔角
528.976　　　　　　　　　　　　　　　95006583

中國式摔角

ISBN 957-468-463-6

著　　　者/郭　　慎
責任編輯/中華民國玄牝太極健康導引學會
發 行 人/蔡　森　明
出 版 者/大展出版社有限公司
社　　　址/台北市北投區（石牌）致遠一路2段12巷1號
電　　　話/（02）28236031・28236033・28233123
傳　　　眞/（02）28272069
郵政劃撥/01669551
網　　　址/www.dah-jaan.com.tw
E－mail/service@dah-jaan.com.tw
登 記 證/局版臺業字第2171號
承 印 者/弼聖彩色印刷有限公司
裝　　　訂/建鑫印刷裝訂有限公司
排 版 者/弘益電腦排版有限公司
初版1刷/2006年（民95年）6月

定　價/350元

當年角旗與照明燈

劉金亮教授與筆者合影

摔角冠軍獲贈一隻羊故名撓羊賽

中國摔角界大師與筆者合影

< 2003 年 9 月 >

常大師子弟翁啓修、林啓愷、郭慎、蘇成有幸與中國角界大師周士彬
教授、袁祖謀教練合影

筆者能與中國角界大師教授教練們合影可說是無上的光榮

邱志瑤 V.S 義大利選手

與中國角界青年才俊合影

2003年1月中國式摔角國際邀請賽現場練習情景

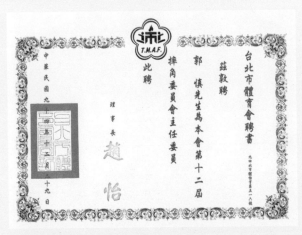

自　序

　　從一九五七年開始跟隨武術泰斗——常東昇（武術界人稱武狀元、常勝將軍、又稱花蝴蝶）學習保定摔角，由於幼年時外祖父——東雲公給於武術啓蒙教導，先後教以拳術基本功與家鄉的山西摔角，又稱撓羊賽（不穿角衣，赤膊上陣，下身長、短褲均可）。固從小對摔角運動有興趣，而恩師常東昇先生在教學時其乾淨、俐落的身手、美妙、快速、變化多端的精湛技術，更加深了我對摔角的濃厚興趣，因此在受教的過程中，可說是非常的認真學習，加倍努力，且經常偕同好及師兄弟赴憲兵學校、警官學校摔角隊練習，同時亦邀約追隨常大師學習保定快角的同盟師兄弟，到北投復興崗政校切磋磨練。另外在同一時期，亦在台北市小南門成功健身院，向柔道權威-黃滄浪達士學習柔道。古云：「功不唐捐」。在艱辛的苦練之下，於一九六五年十月三十日，第二十屆台灣省運會，第一次參加摔角比賽就榮獲重量級冠軍。

　　一九六三年至一九七九年間，常大師應聘擔任復興崗政校反情報軍官班武術暨國防部戰技訓練班教授，此

期間一直跟隨常大師擔任助教，在這長達十六年的助教生涯中，的確受益良多。

早在一九七九年在復興崗政校體育系任教時，即曾編寫過摔角教材（一九七九年十二月出版），一九八九年八月應聘兼任中國文化大學國術組摔角及擒拿術教師時，就想再編摔角教材提供同學參考，但基於考慮同學們買教材的負擔，僅以講授大綱替代。而重要的是希望多觀摩、多蒐集、多吸收、審慎研究後再撰寫，更希望有些創新的內容提供摔角的同好參考。

經過二十多年的研究，發覺中國式摔角技術繁多，正如前輩所言：「中國摔角大絆三千，小絆賽牛毛」。僅山西摔角的抱腿技術而言，就有四十多種，而摔角的攻、防及連續攻擊技術更是變化萬千。而摔角重要的基本功與傳統器械輔助動作，兩者均超過百種。確實難以取捨，以致延宕至今。多年來為了蒐集摔角資料，曾多次前往中國大陸訪問、參觀、擔任裁判、出席會議等……，茲將去中國取經的情況略述如下：

一、一九九二年赴外蒙古參訪蒙古摔角比賽（同時擔任亞洲角力錦標賽裁判工作）。

二、二〇〇三年中國北京延慶舉辦中國摔角國際邀請賽（有十九個國家地區參加），擔任裁判工作，順便觀摩蒐集資料。

三、二〇〇二年九月六日至十三日，在中國寧夏省銀川市舉辦的第七屆少數民族式摔角錦標賽，其競賽項目計有：博克（蒙古式摔角）、且里西（維吾爾族摔角）、格（彝族摔角）、北嘎（藏族摔角）、絆（回族

摔角）。以上由劉金亮教授提供資料與影帶。

　　四、二○○三年九月二十三日至二十八日，中國全國摔角錦標賽，應大會裁判長——劉金亮教授的邀請爲大會貴賓，該次參訪期間，偕同文化大學運動教練研究所學生陳逸祥訪問，蒐集撰述「中國式摔角傳統器械輔助訓練法之研究論文」。此論文可說是中國式摔角研究傳統器械輔助訓練法的第一篇，實開研究中國式摔角輔助器材之先河。陳君以此論文榮獲碩士學位，筆者忝爲論文指導教授，感到與有榮焉。

　　中國式摔角由於門派眾多（北京角、天津角、保定角、山西角、以及少數民族的蒙古角、維吾爾角、彝族角、藏族角、回族角）。技術方面亦多樣化，但以摔角技術分類可歸納爲上把技術與下把技術；以施術的部位區分可歸納爲臂部技術、腰部技術與腳部技術。而各種技術名稱方面由於方言、俚語繁雜，形成一些障礙，好在透過文字銓釋，尚能了解，當然透過專家、學者的研究使摔角技術名稱能完全統一，那是最理想了。

　　編撰摔角教材未能早日竟功，除了上述許多因素之外，最重要的還是自己缺乏信心，正如武術前輩所言：「初學三年，天下玄得；再學三年、寸步難行」。又云：「學到知羞處，方知藝不高」。如今決定再編撰摔角教材，乃基於盡一份教學的責任，留此小小的心得供同學參考，同時這多年來對中國式摔角的用心，也孕育了些新的觀念，譬如摔角基本功套路的設計、摔角技術的組合。希望能致拋磚引玉之效。

　　本教材仍以恩師常大師所教的內容爲主，再擷取部

份簡單易學的動作，提供愛好摔角者參考。筆者學養有限，錯失之處在所難免，敬請摔角界先進、前輩、師兄弟們惠予指正。

本教材編撰期間，電腦打字、攝影請文化大學國術系同學：楊志源、黃家榮、黃國勤、陳煒翰、林佑承頂力相助，在此致上最高的謝意。

2006年3月　郭慎

太極跤③

中國式摔角

目　錄

第一章　緒　論

摔角是我中華武學，起源最早的一種自衛技術，摔角一技，名稱繁多，古代有「觳抵」、「角觝」、「角抵」以及「相撲」等名稱，考據吏乘記載略述於後：

一、黃帝至周、秦時之摔角，分別稱為「觳抵」、「角抵」，據冀州民間之備攢說：蚩尤氏鬢如戟，頭有角，與軒轅鬥以角觝人，人不能向。

二、漢、唐時之摔角，分別稱為「角觝」、「角抵」、「角抵」：漢、唐更顯興盛，據史冊的記載，漢時元封三年春有「角觝」戲，三百里內的人民咸集觀。元封六年夏演「角觝」於京師之上林平樂館。唐時都邑，每逢元月十五日舉行「角觝」戲。

三、宋、元時的摔角，稱為「角抵」，稗史叢書所載：趙匡胤幼好技擊，曾學搏術於陳希直，長列行伍，身先士卒，南征，北討，終於奠定宋室天下。古語云：「上有所好，下必甚焉」。所以搏術之在宋代，更見風行。

降及元朝，忽必烈的武功，不但威震東亞，且遠及歐洲，蒙古兒、女的騎、射、摔角技術，均為寰宇所

欽，民國二十四年第六屆全國運動會，在上海市舉行時，蒙古摔角隊參加友誼比賽，冀、魯的摔角健將，和全國的競搏名手，和蒙古隊比賽沒有一個能佔優勢的，此乃鐵的事實，由此可以追溯到元代摔角技藝的興盛了。

四、近代的摔角：清朝時的康熙市，置「善撲營」於北平，招善撲者數百名，天天訓練，有時蒙古隊的摔角隊南下，舉行盛大的對抗賽，互相作技術上的切磋，直到民國時北平的天橋一帶，仍有一班賣藝者，靠著摔角技術討生活，足證摔角技術之普遍。

五、摔角名稱，乃由馬子貞將軍所定，而沿用至今者。民國八年，濟南鎮守使馬子貞將軍組織武術隊，摔角為基主要課程，馬將軍並著有『新武術摔角科』一書，內容包括摔角的基本方式共有二十四式。民國十七年，張之江先生在南京主持中央國術館，把摔角一科列為主要教材，自第六屆全國運動會起列摔角為大會錦標項目。政府播遷台灣後，政府為提倡固有體育，發揚中華傳統文化，從台灣省第十二屆省運會起，摔角列為省運錦標項目，軍中亦將摔角列為必備的訓練項目，民國四十六年始聘請摔角泰斗——常東昇氏在軍中教學摔角，對國軍戰力之增強功效頗大。而傳揚中國國術系的中國文化大學國術系成立之初即將中國式摔角列為研修課程，二十多年的傳承，對中國摔角技術的提升有立竿見影之效。

第一節　摔角的意義及原理

一、摔角的意義

摔角係以摔為主，其目的僅在使對方倒地，所以在與人對摔時，應發揮以柔克剛，以技術及力量使自己平衡而將對方摔倒。其要訣在於使對方步法亂與喪失平衡，才能將其摔倒。否則想直接把對方弄倒，是一件非常困難之事。若遇實力較己強者，如不講求技術，其結果必使自己精疲力竭，用力愈大被對方摔的愈慘。

二、摔角的原理

摔角技術運用的原理，就是所謂的「力學原理」，依物理學中力的定義：「能使物體產生運動或能改變其運動狀態者。」換言之，力是一種推力或拉力，具有使物體產生運動或改變其運動之傾向者。摔角乃是經過科學有系統整理的運動。其施術時完全合乎力學之原理，能以最經濟的力量，發揮最大之效果，依據其動作之過程與類別，經常被應用到的力學原理有：圓周運動、重心與平衡、槓桿原理、角動量，慣性定律、作用力與反作用力、力偶、摩擦力、壓力以及力矩等。換句話說，摔角技術是利用以上眾多力學原理，使對方穩定的重心，出其步基之外而傾跌。

研習摔角技藝有相當功夫的人，往往可利用技術將體重與體力超過自己的對手摔倒，一般人覺得是件很驚

奇的事，其實此乃善用力學原理的緣故。

第二節　摔角的價值及特點

一、摔角之價值

研習摔角技術，並非在乎「好勇鬥狠」，而是為著強身與自衛，有人認為「俠以犯禁」，乃偏見也，殊不解練習摔角不獨可以鍛練身體，培養勤勉耐勞，循規蹈矩之高尚品德，且能由練習動作中陶冶人格，變化氣質，養成「誠於中」，「說實話」，「做實事」之良好習慣。

二、摔角的特點

摔角是一種智與力的運動，在施術時尤須特別注意：部位、角度、速度、合力、變化及控制時機等要領，方能得心應手，克敵制勝。摔角在平時練習與比賽時雖然是以「摔」為主，但在與敵人交手以及歹徒相搏施術時必須與點、打、拿三種方法互相配合，其威力更大，同時在施術時，攻、守兼施，虛、實併用，定可發揮技術於極致。

第三節　摔角的方式

摔角的方式，亦如拳術一樣，由於派別眾多之故，其摔的方式亦各異，祇將流行於華北一帶的摔角方式簡

述於後：

一、北平角

名詞上通稱摔角，上式架式較小，俗稱黃瓜架，身架多似搖晃不定，為小步幅走動，開始先講求爭手，動作較遲緩。習用場地為土地，練習之前先用鐵鍬把土揪鬆，俾免造成傷害。

二、天津角

名稱上稱為「撩跤」，亦云摔角，上式架式的大小介於北平與保定之間，動作較之北平稍快一些，較之保定角，則為緩慢，手上動作較諸北平、保定兩地為蠻橫，練習用場地與保定相若，早期常在普通土地上練習，且多於夜晚煤氣燈下練習。

三、保定角

名詞上多稱「撩跤」、「貫跤」。上式多為大架式，步子走開，甚為瀟灑，施術時以快著稱。俗語云：保定快跤，其特長在於動作中所用之：撕、崩、捅，以及攻守合一，快速動作中施展技術，制服對手，早期練習比賽的場地，即為普通土地上行之，如是浮土，悄以水灑之即可使用。

四、山西角

山西的摔角名稱為：撓羊賽，每年常在撓羊賽時，勝者可獲得一頭綿羊為獎賞，山西跤鄉人認為撓羊賽不

僅是體育運動，而且是一種「戲」，是一種鄉村社交聯誼性文化活動，可以娛人也娛神的一種節目，千百年來一直流傳著，雖然文化大革命時受到影響，但之後一直在蓬勃發展。山西角訓練與比賽時均不著跤衣，均是赤背、短褲，山西角技術雖然很多，但以下把技術眾多，正如山西角技術中所提的一段話：「接腿，扛腰，上肩，倒扳腿」。根據山西跤鄉——忻州跤誌中記載抱腿神（亦名張抱腿）鄉——張毛清的抱腿摔有四十多種，其抱腿摔一絕不但屢獲金牌，且抱得全國摔角改規程。競賽規程乃運動競賽根本大法，選手的技術能令規程改變實在不簡單。

五、少數民族的摔角

中國有五十六個民族，其中：搏克角（蒙古族式角）、且里西角（維吾爾族式角）、格角（彝式角）、北嘎角（藏族式角）、絆角（回族式角），以及台灣原住民角等。可說各有其特色與技巧。

第四節　摔角場地與服裝

一、場地（如圖）

摔角比賽場地之面積，不得少於九公尺見方。場地周圍應有明顯之界限。場地之表面須平場，整潔，建造時，用厚木板，上鋪五公分厚以上的草蓆，地毯或其他軟質物件，並以帆布覆蓋紮緊於其上。場地如設在台

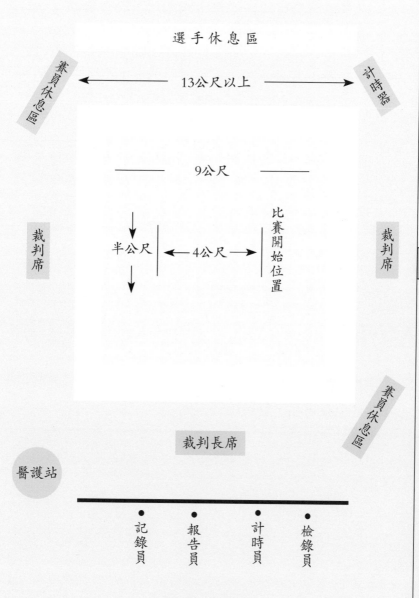

場地設施圖解

上，應在周圍裝賽圈，如為水泥地坪，除裝賽圈或派專人防護外，草蓆應用雙層。

二、服裝（如圖）

摔角服裝包括：摔角衣、褲、腰帶、鞋及護具等。

(一)摔角衣

質須柔軟，易於抓握，而不易破裂，尺寸須較身軀寬大，長約至脊尾，袖長約可觸及內肘彎，袖口之大小，須能伸入四指為度。

(二)腰　帶

須柔韌牢固，易於抓握，寬為四至六公分，長以繞腰雙圍繫一平結，兩端各餘十公分為度。顏色採黑、白兩種，讓比賽時便於識別，腰帶繫於衣外腰間，不得過鬆，過緊。以一手插入而不致使摔角衣露出為準。

(三)鞋

賽員以穿著無銅扣眼之膠製力士靴鞋為限。鞋底不得附著金屬物品，賽員用鞋自備。

(四)護　具

賽員得用鬆緊帶布質製成之生殖器護具，及關節部之護具。

(五)大領把位

即摔角衣可抓握之處的簡稱，其中專有名詞亦如圖示。

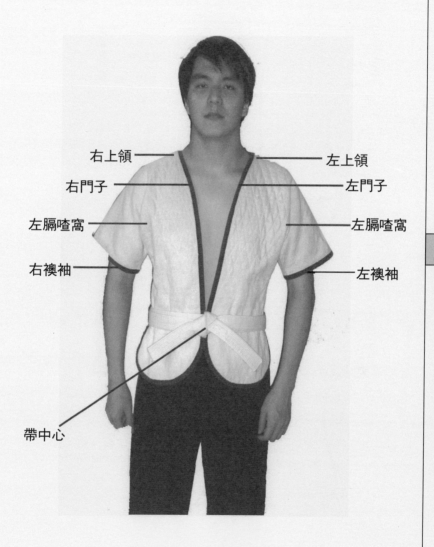

右上領 ——— ——— 左上領

右門子 ——— ——— 左門子

左膈喳窩 ——— ——— 左膈喳窩

右襖袖 ——— ——— 左襖袖

帶中心

大領把位名稱圖

註：大領把位即摔角衣可抓處之簡稱

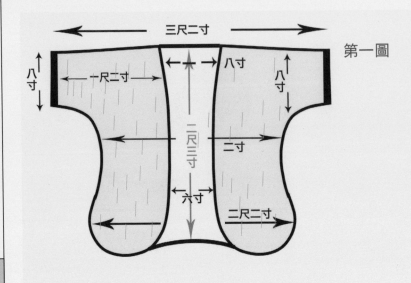

三尺二寸

八寸

一尺二寸

八寸

八寸

二尺三寸

二寸

六寸

二尺二寸

太極跤③ 中國式摔角

第二圖

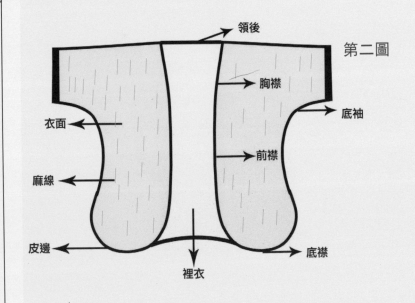

領後

胸襟

底袖

衣面

前襟

麻線

皮邊

底襟

裡衣

第三圖

全長六尺

第二章　摔角基本動作

基本動作是一切運動的基礎，學習摔角須先把基本動作練習純熟，使周身各部肌肉、關節、韌帶，伸縮自如，動作敏捷有力，然後再學習摔法，方見功效，摔角基本動作眾多，現將其重要者略述：

第一節　準備姿勢

準備姿勢，亦即站的姿勢，摔角的準備姿勢非常重要，如果準備姿勢隨便，例如：雙腿交叉，兩腳併攏，單腳獨立，以及上體前挺後彎均屬非法，因為這幾種站法，不但重心不穩定，且有礙觀瞻與失禮。往往會引起別人的誤會，認為你太驕傲，瞧不起人。故準備姿勢非常重要，摔角在摔倒技術中站立的姿勢尤其重要。因在各種摔倒法的技術中，都是由站立姿勢時實施攻擊的，所以，摔角技術的好壞，由站立的姿勢是否正確而定，摔角的準備姿勢分為自然姿勢與自衛姿勢兩種。

一、自然姿勢

身體正直，兩腳直立稍開，全身自然放鬆，不可用

力，兩眼注視前方，此種姿勢應用自如，宜於持久，適於攻擊（如圖1）。

二、自衛姿勢

兩腳開立兩腿彎屈，上身正直，兩眼注視前方，此種姿勢重心低，穩定面大，適於防禦（如圖2）。

三、角（跤）架

摔角時，運動員站立的姿勢，除前述自然與自衛姿勢外，另一種姿勢就是所謂的「角架」，是非常重要的。角架姿勢：兩腳左右開立，約與肩同寬，前腳邁出約一腳之長度，腳尖微向內扣，雙膝微彎，身體斜向前，上體微前傾，體重落左後腿上，雙臂微屈，前臂左

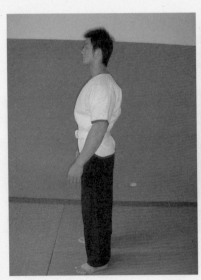

圖1　　　　　　　　　圖2

胸前平舉與肩同高，兩手半握拳，右手略低，全身肌肉處於緊張狀態。角架分為右架與左架。右腳在前為右架，左腳在前為左架（如圖3），此種姿勢便於前腳向任何方向移動，並使自己身體與對手接觸面積小，穩定面積大，摔角時雙方隨時改變換動作，因此雙方站立的姿勢必須經常變動，如此才能隨時移動各自的身體重心，以保持身體的穩定性，以適應攻、守的需要。

第二節　步　法

　　步法變化關係著攻、守速度與身體的穩定性、平衡，在移動步法過程中，一腿支撐的瞬間穩定性最小，容易被對手攻擊，因此移動步法時，腿和腳不宜抬的過高，而且

圖 3-1　　　　　　　　　　圖 3-2

動作要迅速，可以利用推或拉對手時所產生的反作用力，加快步法移動的速度，步法移動的距離應以需求而定。

第三節　腿　法

摔角術中的腿法與步法有密切關係，腿法中分：掃腿、勾腿、挑腿、纏腿，均含有攻、守作用。

一、掃　腿

由立正姿勢，雙手叉腰，左腿向前斜體成弓箭步，繼將重心移於左腿，提起右腳由右向左掃踢，踢愈高愈好，同時足尖要翹起（如圖4）。

二、勾　腿

雙手叉腰，立正姿勢，左足支持重心，右腿提起，由右側向後勾踢，足面伸直，右足高於胯骨，左腿彎屈，上體前傾。同時兩手向前平推，目視雙手（如圖5）。

三、挑　腿

由立正姿勢，雙手叉腰，左偷步，即左足右後交叉步，足掌點地，兩腿

圖4

太極跤③　中國式摔角

彎屈，然後向左轉體，重心移於左腿然後提右腿，向上後挑，腿尖伸直，挑腿愈高愈好，左腿微屈，上體向下俯傾，雙臂向下垂至手指接地，目視雙手（如圖6）。

四、跪　腿

左足右後成交叉步，足掌著地，兩腿彎屈，如左偷

圖5

圖6

步，繼即提起右腿，體
重移於左腿，右足向右
側方環繞一週，同時彎
屈左腿，右膝蓋與小腿
著地，上體微向右傾
（如圖7）。

五、纏　腿

　　此種腿法在攻、守
雙方都很重要，在被對
手攻擊時，可用此法依
托維持重心之平衡，右

圖7

纏腿，提起右腿重心移於左腿，右足掌著地，向右側方
向外環繞一週。左纏腿動作相反（如圖8）。

圖 8-1

圖 8-2

第四節　手　法

　　所謂手法，乃是摔角時手上所使用的技術，手法在摔角技術中佔有很重要的地位，手法不但可破壞對方的重心，使之失去平衡，更是摔角技術成功的樞紐，茲列舉四種常用手法以文字與圖片對照說明，餘均以圖示列後參考：

一、擒　手

　　直立姿勢，兩臂向左、右平舉，五指鬆開繼屈腕握拳（亦可前舉及上舉）反覆練習，日久必可生效（如圖9）。

圖9

二、推　手

　　立正姿勢，兩手握拳抱肘，左（右）足向前成弓箭步，同時雙手向前推，手指向上，目視雙掌（如圖10）。

三、拉　手

　　由立正姿勢，雙手握拳抱肘，左（右）足向前成弓箭步，重心移後，同時雙手握拳，用力向後拉，直側平屈部位，目向前視（如圖11）。

四、掛、勾手

　　手向上為勾，向下為掛，均係小臂動作，右足向前出步，雙手握拳抱肘，右拳變掌前伸，上臂向後勾，掌

圖10　　　　　　　　　　　圖11

圖 12-1

圖 12-2

近右耳側，手指向後，手心向內，成前臂上屈部位（如圖12）。

第五節　身　法

圖 12-3

北平有句土話：「腰似蛇形腿似鑽，手似流星眼似電。」腰似蛇形，即說明摔角時，腰部應該柔軟如蛇的身體一般，始能發揮摔角技術。身法包括：胸部、腰部、腹部以及臀部，身法在摔角技術中非常重要。

一、胸　部

當對摔時，胸部易保持自然狀態。不太挺直，亦不得太向後縮，因為太挺胸，肌肉容易緊張，影響動作的快慢，易被敵人所乘。太縮胸，則容易疲勞，而且養成了畸形的姿勢，所以，胸部宜呼吸自然、輕鬆。

二、腰　部

腰為人體中上、下連繫之樞紐，四肢之運用，全視腰部的鍛鍊如何，在國術方面對於腰部之重要有如下之說明：「氣如車輪，腰為軸」，又說：「力之發也主宰於腰」，由此可知腰部的重要性，所以練習摔角，必先鍛鍊腰部，使之靈敏、柔軟，富有彈性。

三、腹　部

腹部應保持輕鬆自然之狀態，拳經所謂「氣沉丹田」，就是說呼吸要自然，同時用腹式呼吸，不可用胸式呼吸。特別注意盡量避免把氣提到胸部而呈氣喘現象。當然更應力避「奴責現象」，以免傷身。

四、臀　部

臀部為體力之基點，摔角中的背負摔，都是運用臀部的力量，故臀部的動作亦應多加練習，使之堅實有力。

第六節　護身倒法

護身倒法是被對方摔倒時，保護自己身體，避免受到傷害，並排除危險的一種方法，每一學摔角者，對於護身倒法必須要熟練，且具有相當之功夫，否則心理上存有怕被摔倒之恐懼，在練習時只注意如何防禦，怎樣才不被摔倒，那麼，久而久之將失去攻擊的精神，技術亦永遠發揮不出來，更無法在技術上有所發展了，日久只會消極抵抗，不能積極的攻擊了。

同時，一個未練習護身倒法者，一旦被摔倒受傷的機會較諸他人為多，故學摔角者，必須先勤練護身倒法，在摔角術中有句格言：「摔角，是在被摔倒中求進步的」。這句格言即是告訴我們，不要一開始學摔角便想摔倒人，要在被人摔倒時，去領悟別人的技術是如何使用的，練習摔角要養成不畏懼被摔倒的習慣，如此摔角才能訓練出來。以上是介紹護身倒法的重要性。以下則是護身倒法的要領，方法與技術。

一、護身倒法的要領

（一）重心已失，無法控制，即將倒地之前，速鬆開雙手，以免敵方身體壓在自己身上。

（二）雙臂立即屈肘抱肘，護住太陽穴與後腦等處，並避免肘部撞擊別人或被敵方身體壓在自己身上。

（三）儘量以身體側面或下體先著地，以減輕或減除軀幹內臟受撞擊之程度與機會。

（四）倒地時，低頭、弓背、收腹、屈膝，全身呈捲屈狀，與地面接觸之部位，距心臟及胸部愈遠愈好。

（五）倒地時不可使骨骼垂直著地，因易折斷：肌肉與關節富有彈性，善於利用，可減輕摔擊力量。

（六）感覺敵方所施於己身之力，已使身重心失去。而無法控制，以扭轉局勢時始可作被摔倒之準備。不可過早，過早易失去「峰迴路轉」、「轉敗為勝之機會」，但亦不可過遲，過遲則措手不及，易受重傷。故反應要迅速，判斷要正確。

二、護身倒法的種類

（一）自跌法

側身著地時，不論左側或右側著地，當著地之前，雙手緊握拳屈臂於胸前，用雙手將頭抱住，雙手手指互握護後腦，雙小臂護住太陽穴，大臂護胸，雙腿彎曲，大腿護腹，小腿護襠，弓背收腹，全身縮緊，以減輕著地時之反作用力，並防止用術者跌踩（如圖13）。

（二）二人拉手法

二人面相對而立，足尖相抵，雙手手心向上互扣握，身體後仰，兩臂拉直，聞雙方放手口令時，

圖13-1

圖 13-2

圖 13-3

圖 13-4

圖 14-1

圖 14-2

二人順勢向後仰臥著地。用前述方法保護倒地。須注意，著地時頭部應盡力向前低，同時頸部用力以防後腦受震（如圖 14）。

（三）向前滾法

向前滾法分左、右兩種。

1.右前滾法：以自然姿勢站立，右腳向前一步，上身前彎，右臂彎成半圓形，右手五指併攏，掌心向右側

圖15　　　　　　　　　圖16

方放置於右腳拇趾邊沿，左手五指併攏肘尖向外，指尖置於左腳前，頭部向下，下顎後收，兩眼向前平視（如圖15）。上身前傾，運用右肘為支撐往前滾，順著右肩部的次序像車輛一樣旋轉前滾倒下。同時特別注意：低頭、抱頭、收腹、弓腰，圈腿將整個身體緊縮（如圖16）。

2.左前滾法：與右前滾法相反。

第七節　摔角衣的基本抓法

摔角運動在練習或比賽中抓法很重要，所以摔角時的抓法合適與否，直接影響技術之成敗，抓法不但對技術有影響，其對身心的鍛鍊也很重要，所謂「行家一伸手，便知有沒有」即是說明抓法之重要。另外，從抓法中同時也可看出摔角者的出身與師承門派，因此我們在

初學摔角時，就應養成良好的正確抓法，以奠定良好的技術基礎。摔角的各種抓法名稱，是依據主攻的手，所抓的部位而命名的，茲將各種抓法說明於後：

一、上把抓法

以上攻之手抓住對方的後領，稱作上把，上把分左上把與右上把，如右手緣對方左上肩而抓著，稱作右上把。左手緣對方右肩而抓著，稱作左上把。上把抓法，是以拇指插入摔角衣的裏面，拇指稍彎屈，其餘四指在摔角衣外面緊握住，手腕挺直，以小臂壓住對方的肩，以肘部抵住對方的胸（如圖17）。

二、下把抓法

所謂下把，乃是用主攻的手抓住摔角衣帶，又稱中心帶。抓法分陰手與陽手，陰手抓法，是手由上向下方抓，手心向下；陽手抓法，是手由下向上抓，手心向上。因為抓帶高的部位不同，下把又分以下數種抓法：下把陽手側抓法、下把陰手側抓法、下把陰手後抓法、下把陰手前抓法（如圖18）。

三、胸把抓法

胸把抓法，分左、右兩面，以右手抓對方的右面胸襟，稱右胸把；以左手抓對方的左面胸襟，稱為左胸把，以上俗稱謂「偏門」。以右手抓其左胸襟，稱為右順胸把；以左手抓其右胸襟，稱左順胸把，以上俗語稱為「正門」。偏門的抓法，以拇指在對方胸襟外，四指

圖 17

圖 18

圖 19

圖 20

抓於胸襟內面，虎口向上。正門的抓法與偏門抓法相同
（如圖 19、20）。

四、袖口抓法

袖口的抓法分為袖口的上面與下面兩處。上面的抓法，係以拇指在袖口外上面，四指插入袖口內，作陽把抓住；下面的抓法係以拇指在袖口外面，四指插入袖口內，作陰把握住，有時也可拇指插入袖口內，作陽把抓（如圖 21、22）。

圖 21

圖 22

五、底袖抓法

底袖即左、右袖的下邊，其抓法，係以拇指在外，其餘四指也在底袖外面以陽把抓（如圖 23）。

六、底襟抓法

底襟的抓法，分為前、後抓法，與左、右側面抓法。均係以拇指在外，其餘四指在內，由底襟的下邊插入作陽把抓（如圖 24）。

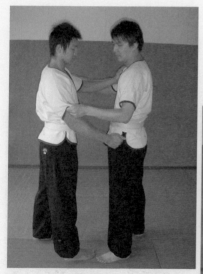

圖 23

圖 24

七、腕部抓法

手是摔角方法上的主動部份，也是身體上最靈活的部分，手是最難抓到的，也是急易掙脫的。如果能抓住對方的手，就等於控制其全身。所以說抓手是非常重要的，在摔角時，無論右手抓住對方左手，或左手抓住其右手，均係以陰把抓其腕部（如圖25）。

八、肘部抓法

肘部是人體上關節弱點的一部分，如果抓住腕關節，可以使對方失去反抗能力，抓肘的方法，多由下向上托架，或由外側向內圈繞（如圖26）。

太極跤③　中國式摔角

圖25

圖26

九、抓法應注意事項

（一）抓住對方不可過分用力或緊張，臂部與手腕不得太用力，應該盡量輕柔的抓住對方，爾後隨著技術的變化始可用全力抓緊攻擊之，同時一旦改變技術時非常方便。

（二）臂部與手腕不可過長時的用力或緊張，否則肌肉會硬僵，麻木為對方所逞，同時我們在使用技術攻擊對方時，對方很快就會發覺而不易充分發揮。

第八節　摔角衣的基本掙脫法

摔角運動在練習與比賽時，對於抓把的要求相當重要，因「抓把」的部位正確，又能搶先抓住對方，則其成功的機會較高，關於抓把的方法已在前節中予以說明。本節所說明的是有關掙脫的方法，亦即破對方的抓把方法，明瞭破抓把的方法以後，對於抓把先、後問題均能從容應付，茲將有關掙脫對方抓把控制的方法簡要說明於後：

一、撕

攻者右手抓住防者之左袖口，左袖底，左胸前，左上領時，防者可以右手抓對方之右袖口或偏門，用力將其撕開（如圖27）。

二、崩

攻者右手抓防者之右偏門，防者可以右手抓住其手腕，同時撤右步轉身，以左肩刺激對方之肘關節，即可掙脫（如圖28）。

圖27

圖28

三、捅

攻者右手抓防者之左袖口，在袖底，左胸前，左上領時，防者可以右手捅對方之右肩。同時左肩用力向後，右手打其腕關節，即可掙脫（如圖 29）。

四、圈

攻者以右手抓防者之前中心帶或後中心帶時，防者可以左手圈住對方之右肘關節，即可掙脫（如圖 30）。

圖 29

圖 30

五、抄

攻者左手抓我中心帶時，我以右臂從下方由外向內上方抄起，控制其肘關節（如圖 31）。

六、打

攻者抓防者之袖口，袖底，偏門，胸前，底襟等各部，可以掌擊其手腕，即可掙脫（如圖 32）

圖 31

圖 32

第三章　摔角基本技術

　　所謂基本技術，即二人對摔時使用的方法，摔角基本技術分單人操作與雙人操作。單人操作又叫「摔角式」。「摔角式」其操作目的主要在輔助關節活動與增加四肢肌力，俱有準備活動與輔助運動的功效，同時可以矯正姿勢，練習摔角式，可以靈活手、眼、身腰，步法並可養成手腳配合的習慣，為雙手對摔動作的基礎，每一摔角式，都是一種攻擊的摔法。

　　摔角式熟練後，可以學習各種雙人摔法以及應用變化動作，練習時姿勢要正確，動作要合乎要領，同時應有假想敵觀念，以養成知行合一之習慣，與人交手時始可運用自如，雙人操作之目的是熟練技術與方法要領，以發揮摔角技術的功效。

　　關於摔角式的演變，據傳說古時原有「七十二式」，之後去蕪存菁演進為「三十七式」，到民國初年，又演變為「二十四式」，民國十七年中央國術館成立，乃採用「二十四式」作為摔角的統一教材，自民國三十八年國民政府播遷台灣之後，在軍、警界所推行的摔角式又演變為十六式，此一摔角式乃摔角泰斗——保

定常東昇氏所創，事實上述摔角式，名稱雖異，然動作大致相同，本教材綜合兩種摔角式選出二十二種動作，以供愛好者研習。茲將二十種摔角式的名稱、功用、預備姿勢、動作方法、要領逐一說明與圖示如後。

第一節　單人基本技術（摔角式）

一、斜打──動作要領

1. 預備姿勢，立正抱肘，拳心向上，拳眼向外，兩肘往後夾，兩拳不凸出於腹部之外，兩拳緊握置於腰際，下頜微收，兩眼向前平視（如圖 1-1）

2. 左腳向左前方踏出一步，成左弓步，左膝蓋與腳尖應垂直於地面，同時左手變掌由右前方左前方撥，繼向後收回置於左腰際握拳，同時右拳變掌向左前方打出，至右肩延長線上止，右手與肩平（如圖 1-2）。

圖 1-1

圖 1-2

二、環肘──動作要領

1.預備姿勢與斜打同。

2.左腳向左前方
踏出一步，成左弓
步，同時左手變掌由
右向左撥，然後收回
腰際，掌心向上握
拳，同時右手掌心向
下，由右向左繞環握
拳置於下顎，右臂與
肩平，肘尖指向左前
方，右手拳心向下用
力握緊，頭向左擺，
兩眼注視左後上方
（如圖2）。

圖 2

1.預備姿勢與斜打同。

2.左腳向左前方踏出一步，成左弓步，同時左手變掌由右往左撥，然後向下壓握拳置於左膝外側，拳心向後，同時右手拳心向上握拳，由下向左前上方上架成約135度，使拳頭置於與鼻尖同高同向之處（如圖3）。

四、刁捋──動作要領

1.預備姿勢與斜打同。

2.左腳向左前方踏出一步，成左弓步，同時左手掌心向下，右手掌心向上，由右上方，向左後方摟，至右手掌心向外，手背置於左膝外側，左手向後平伸，掌心

圖3　　　　　　　　　圖4

向右，頭向左轉，兩眼注視左後上方（如圖4）。

五、撿腿——動作要領

1. 預備姿勢與斜打同。

2. 右腳向前踏一步，同時腳背回鈎，右手作環肘狀，小臂夾緊，置於胸前，左手在腰際，兩眼向前平視（如圖5）。

六、抱——動作要領

1. 預備姿勢，馬步抱肘。

2. 左腳向前一步，兩手環抱，成馬步（如圖6-1）。

3. 左腳不動，右腳往左腳靠，兩膝伸直，左肘尖朝上，右肘尖朝下，成環抱狀，眼回視左肘尖（如圖6-

圖5

圖6-1

2）。

4.左腳抽起向右後退一步，同時兩臂往上一摟，作摟抱姿勢，再順左腿退後，身往下蹲時左手收回置左腰際，右手拳心向內往下打而伸直於腹前，左腿曲右腿直成弓步，兩眼注視右臂（如圖6-3）。

七、前進踢──動作要領

1.預備姿勢為立正叉腰，四指在前，拇指在後，兩眼向前平視。

2.左腳向左前方踏出一步，成左弓步。

3.將重心移至左腳，右腳向左前方用力踢起，右膝

圖 6-2

圖 6-3

蓋伸直，腳尖向回鉤，左膝略彎屈，使重心穩固，兩眼注視右腳尖（如圖7）。右腳落步於右前方，成右弓步。

八、前進後踢──動作要領

1.預備姿勢與前進踢同。

2.左腳向左前方踏出一步，成左弓步。

3.將重心移至左腳，右腳向左前方踢出後，將小腿迴曲盤起與大腿約成90度，腳尖向左，腳跟置於左膝左前方（如圖8-1）。

圖7

圖8-1

圖 8-2　　　　　　　　　　　圖 9-1

4. 同時以左腳跟為軸點，左後轉 180 度，再將右腿用力拐踢落地，腳掌踏實，右肩往左膝壓，成左弓步，兩眼向左後方注視（如圖 8-2）。右腳向右前方踏出一步，成右弓步。

九、上把前進後踢──動作要領

1. 預備姿勢與環肘同。

2. 左腳踏出一步成左弓步，同時雙臂由右向左環繞，左臂置於左腰，右臂置於左下顎（如圖 9-1）。

3. 上右腳撤左腳成左右背步，雙臂前伸，右臂伸前，左臂立後置於右肩處（如圖 9-2）。

4. 雙臂向後拉，右腿後踢身體，後轉體 180 度成右環肘（如圖 9-3）。

圖9-2　　　　　　　　　　　圖9-3

十、拉──動作要領

1.預備姿勢為自然體。

2. 左手握拳屈小臂，拳心向內，置於左胸前（如圖10-1）。

3. 左腿向右後方撤步，身體向左轉90度使左膝蓋頂住右腿窩，身體下蹲，重心置於左腿成臥步，同時右手握拳屈臂，與左小臂交叉於胸前，兩拳心向內（如圖10-2）。

圖10-1

圖 10-2　　　　　　　　　　圖 10-3

　　4.以左腳為軸，使身體向左後轉 125 度，同時右腿
向後踢蹬落地，成左弓步，左手向左下方拉，握拳置於
腰際，拳心向上，右手變掌向下方猛打，拳心向下，四
指向下，右拇指向前，右肩往左膝壓，頭向左轉，兩眼
注視左後上方（如圖 10-3）。

　　5.上右步還原。

十一、崩——動作要領

　　1.預備姿勢，馬步，兩小臂交叉於胸前，右手在外，
左手在內，手心向內，兩眼向前平視（如圖 11-1）。

　　2.身體向左猛轉，左手向左下方拉置於腰際，右拳
（掌）向右下方用力打，右肩往左膝壓，棺眼向左後上
方注視（如圖 11-2）。

圖 11-1 圖 11-2

十二、下把搵（下把前進後轉）——動作要領

　　1. 預備姿勢，兩手抱肘馬步，兩腳與肩同寬，兩眼向前平視（如圖 12-1）。

　　2. 右腳向前踏出半步成虛步，同時右手握拳，拳心向左，臂向前平伸，假想抓對方後中心帶，左手拳心向右，向左肩前約 20 公分伸出，假想抓住對方之右臂（如圖 12-2）。

圖 12-1

圖 12-2   圖 12-3

3.身體重心移向右腳，以右腳尖為軸，向左後轉 180
度做一背轉步，左腳撤步與右腳並列成一線上，兩腳距
離約與肩同寬，保持馬步姿勢，此時右手拳心向右，與
肩同高向後平伸，仍然假想抓住對方後中心帶，左手握
拳，肘部彎屈與肩同高，拳心置於右肩前，仍然假想抓
住對方右臂，兩眼注視右後方（如圖 12-3）。

4.兩膝向後挺出，兩腳掌緊抓地面，臀部上頂，同
時右手向上扛起，左手向下拉猛低頭彎腰，頭向左轉，
左手握拳置於背上，拳心向上，右手握拳夾緊，肘尖垂
直地面，肘尖向下與兩腳間中間相對，兩眼注視左後方
（如圖 12-4）。

圖 12-4

圖 13-1

十三、高矮速動──動作要領

1.預備姿勢與斜打同。

2.腰間兩拳變掌，向前用力推出，掌心向前，手指微微向內相對，同時兩腿分開成騎馬式，兩眼向前平視（如圖 13-1）。

3.兩掌收回腰際，成預備姿勢（如圖 13-2）。

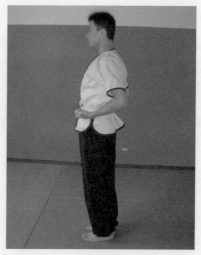
圖 13-2

圖 14-1　　　　　　　　　圖 14-2

十四、揣──動作要領

1. 預備姿勢，馬步，兩手相抱左手握右手，兩手過頭頂，兩眼向前平視（如圖 14-1）。

2. 上體迅速彎腰低頭，兩手由上向下猛拉，至兩腿中間，同時兩腿伸直，兩腳掌緊貼地面，臀部向上抬，兩眼注視後方（如圖 14-2）。

十五、靠──動作要領

1. 預備姿勢與斜打同。

2. 上右步成弓步，同時右臂由左側向前斜靠打出，拳心向上，左拳收回置於左腰際（如圖 15）。

圖 15　　　　　　　　　　圖 16

十六、撤——動作要領

1. 預備姿勢與斜打同。

2. 右腳向後撤步，同時雙臂前伸向右拉（如圖16）。

十七、摟——動作要領

1. 預備姿勢與斜打同。

2. 上右腳左腳跟進屈膝下蹲。

3. 雙臂前伸向前摟（如圖17）。

圖 17

十八、甩——動作要領

1.預備姿勢與斜打同。

2.左腳後撤步成臥步，左手小臂置於胸前，右手側舉起伸直，拳心向前，手臂與肩同高（如圖 18-1）。

3.重心移至左腳，右腳盤起，手不變（如圖 18-2）。

4. 右腳後蹬踢落步成弓步，同時左手收回置於腰際，右手用力往前甩，至於肩同高止，拳心向上，兩眼向前平視（如圖 18-3）。

十九、分手——動作要領

1.預備姿勢與下把摳同。

2.向上分手撤步轉體 180 度，同時臀部緊貼對手小腹，一手向上挾對手頭部，一手抓對手另側臂（如圖

圖 18-1

圖 18-2

19-1）。

3.同環肘動作（如圖 19-2）。

圖 18-3 　　　　　　　　　　圖 19-1

圖 19-2

二十、彈摔——動作要領

1. 雙手向前伸，右足向前邁步（如圖 20-1）。

2. 左足後撤成背步（如圖 20-2）。

3. 雙臂向左扭轉，右足向側後方猛力彈出轉體 180
度，右臂在上，左臂在下（如圖 20-3）。

二十一、削——動作要領

1. 對手以體側撞我腹腰部。

2. 我以削動作削其支撐腿（如圖 21）。

二十二、頂——動作要領

1. 對方以下把動作進入我腹部。

圖 20-1　　　　　　　　　圖 20-2

2.我向上提起一腿，以大腿頂對方貼進我之腿（如圖22）。

圖 20-3

圖 21

圖 22

註：單人基本技術的操作方式：

一、先以個別動作的操練。

二、再以套路的方式操練（摔角套路與拳術套路相似），如此可加強功力，亦可使動作之間，促進其連貫性，同時提高學者學習興趣，摔角套路操作順序如下：

1.斜打	2.環肘	3.鎖肘
4.刁捋	5.撿腿	6.抱
7.前進踢	8.前進後踢	9.上把前進後踢
10.拉	11.崩	12.下把後踢
13.高矮速動	14.揣	15.靠
16.撤	17.摟	18.甩
19.分手	20.彈撐	21.削
22.頂	23.彈撐（加此彈撐旨在恢復方向）	

三、如有新的單人動作亦可隨時加入套路。

第二節　雙人基本摔法

一、斜　打

1.攻者上右步，出右拳，打擊防者之左耳部或面部。防者左手架，右手抓住攻者之右衣偏門，同時右腳向右後方撤一步，成左弓步（如圖 1-1）。

2.防者左腿不動，右腿向攻者右腿外側邁出交叉後，猛向後勾踢，同時右手向前推，左手向後拉，迫使攻者仰面倒地（如圖 1-2）。

圖 1-1

圖 1-2

圖 2-1 圖 2-2

二、環　肘

1.攻者上右步，出右拳，打擊防者之面或耳部，防者右手架，右手抓攻者右偏門，同時右腿右後撤一步，成左弓步（如圖 2-1）。

2.攻者繼出左拳打擊防者右耳部，防者即出右手捋住攻者之左大臂，同時右腿右後撤步，並以左手環挾攻者之頸部（如圖 2-2）。

圖 2-3

3.防者繼將重心移至右腿，左腿向後拐踢，同時右手向下拉，左手向下壓，頭向右後轉，將攻者摔倒（如

圖 3-1　　　　　　　　　　圖 3-2

圖 2-3）。

三、鎖　肘

　　1.攻者踏右步，出右手抓防者之胸前部，防者左手架（如圖 3-1）。

　　2.防者以右肘彎鎖住攻者之右肘關節，同時向右上方拉，左手緊抓防者之手腕向左下方壓，使對方重心向上提（如圖 3-2）。

圖 3-3

　　3.防者繼出右腿向前踢攻者之左踝骨，頭向右後轉，迫使攻者向右後方倒地（如圖 3-3）。

四、刁 捋

1.攻者踏右步，出右手抓防者之胸前部，防者右手反抓攻者之右手腕，左手抓攻者之右大臂（如圖4-1）。

2.防者撤右步，雙手向後捋，同時身體右後轉，將防者摔倒地面（如圖4-2）。

圖4-1

圖4-2

五、撿　腿

1.攻者左手抓住對方右袖口（或扣肘關節），右手抓住對方偏門（如圖 5-1）。

2.用力將防者向後推，再拉向懷內，此時防者重心頓失，必會右足向前跨出（如圖 5-2）。

3.鬆開左手，同時右足向防者雙腿間伸進，用腳尖勾住防者的足跟部向自己左腳前鈎回，乘勢用左手握住防者之右足跟部，同時雙臂用力向後推送（如圖 5-3）。

圖 5-1

圖 5-2

圖 5-3　　　　　　　　　　圖 6-1

六、原地抱

　　1.對方用上把搵，上
把甃等動作而已轉身要回
預備姿勢之時，迅速地掙
脫被控制的右手臂，鬆開
腰、腹、重心下沉，雙腿
成弓步（如圖 6-1）。

　　2.左手緊夾對方腹
部，右手手心向上托住對
方右腳的膝窩，腹部用力
上挺，右手向上托起配合

圖 6-2

左手，將對方抱起離地（如圖 6-2）。

　　3.此時重心移往右腳，左腳往後撤步，身體左轉，

雙臂用力將對方身體由上
而下摔落（如圖6-3）。

七、前進踢

1.攻者踏出左腳一
步，右手抓住對方之右上
領，左手緊握防者之右大
臂，成左弓步，接著使出
右腳踢向防者的左腿（如
圖7-1）。

圖6-3

2.攻者右手用力向右
側方拉，左手用力向右斜
方推，使防者重心搖動，同時出右足猛踢防者之左腳踝
骨，迫使防者向右側倒地（如圖7-2）。

圖7-1

圖7-2

圖 8-1   圖 8-2

八、上把前進後踢

1.與前進踢第一動作同。

2.攻者右手用力向右側方拉，左手用力向右斜方推，使防者重心移動，同時出右足，向防者之左腳踝骨猛踢（如圖 8-1）。

3.防者見攻者踢來時，即刻將左足提起以避來勢，攻者一踢不中仍就勢伸向防者之右腿側方，右臂挾防者之頸部，左手抓防者之右臂向下拉，繼將重心移至左腿，同時頭向左後轉，迫使防者倒地（如圖 8-2）。

九、拉

1.攻者踏右步向前，同時出右手抓防者之左肩部，防者左手扣住攻者之右肘關節部位，緊貼自己左胸部

圖 9-1

圖 9-2

（如圖 9-1）。

　　2.防者以右足為軸，左腿左後撤，以臀部接近對方之小腹，同時雙手抱住對方右臂（如圖 9-2）。

　　3.防者雙手緊握對方之右臂，右腿向後猛踢，同時身體向左後猛轉，頭向左後轉，目視左後方，將對方摔倒地地面（如圖 9-3）。

圖 9-3

圖 10-1　　　　　　　　　　圖 10-2

十、崩

1.攻者上右腳一步，出右手抓防者之胸部，防者右手扣住攻者之右手腕（如圖 10-1）。

2.防者以左腿為軸，右腿後撤，左臂由對方之右大臂下，伸到其胸部（如圖 10-2）。

3.防者右腿重心站穩，左腿猛向後踢攻者之

圖 10-3

右膝蓋，同時身體向右旋轉，右手向後猛力拉，頭向右後轉，迫使攻者倒地（如圖 10-3）。

圖 11-1　　　　　　　　　　圖 11-2

十一、下把前進後轉

1.防者不動，攻者踏右步，落在防者兩足中間成虛步，重心落在左腿，右手抓對方左後中心帶，左手抓對方右大臂（如圖 11-1）。

2.攻者以右腿為軸，撤左腿使身體後轉，並使兩足尖在一直線，兩膝稍彎曲，重心平均落於兩腿，臀部接近對方小腹（如圖 11-2）。

3.攻者右手向上提，左手向下拉，兩腿伸直，以臀部碰對方小腹，猛低頭將防者摔過頭頂而倒於前方（如圖 11-3）。

圖 11-3　　　　　　　　　　　圖 12

十二、下把前進後踢

1.第一動作與下把前進後轉同。

2.第二動作與下把前進後轉同。

3.重心移至左腿，右腿向對方之右膝蓋上部猛踢，同時右手上提，左手向下拉，迫使防者倒地（如圖12）。

十三、分　手

1.攻者出右步，雙手抱防者之腰部，防者雙手推攻者之肩部或眉部（如圖13-1）。

2.攻者雙手猛向上左、右分撥開防者之雙手，繼以左手捋住防者之右大臂，右臂環挾防者之頸部，右腿不動，左腿左後撤，身體向後轉（如圖13-2）。

圖 13-1

圖 13-2

圖 13-3

　　3.攻者將重心移至左腿，右腿向後猛踢，目標左後看，將防者摔倒（如圖 13-3）。

十四、捋 手

1.攻者踏右步，雙手抱對方之腰部，防者雙手推攻者之肩部（如圖14-1）。

圖 14-1

2.防者撤左步，身體向後轉，臀部緊接對方之小腹，左手攄住對方之右大臂，右臂環挾對方之頸部（如圖14-2）。

3.防者繼將重心移至左腿、右腿向後猛踢，頭向左後轉，將對方摔倒（如圖14-3）。

圖 14-2

圖 14-3

十五、揣

1.攻者向前踏右腳一步，出右手打擊防者之面部，防者雙手架，右腿右後撤步成左弓步（如圖15-1）。

2.攻者繼出左手打防者之右耳部，防者右手架，左手由對方之左臂下伸出抱住攻者之大臂，同時右腳右後撤，使左肩頂住對方之左臂，並使雙膝稍彎屈（如圖15-2）。

3.防者臀部碰攻者之小腹，頭猛低，雙手向下拉，將攻者過頂摔倒於地面（如圖15-3）。

圖 15-1　　　　　　　　圖 15-2

十六、挑

1.攻者以左手扣住防者右肘關節（或抓住袖口），右手抓住防者之右上把，右足落在防者右足前（如圖16-1）。

2.攻者右手用力將防者拉向懷內，同時重心移到右足，抽左足向左後旋轉，落在防者左足前（兩足與肩同寬），兩膝彎下，成半蹲姿勢，背臀緊貼防者胸腹，同時鬆開上把，用自己的右肘將對方頸部挾住，壓在自己的腋下（如圖16-2）。

3.重心移到左足，右足抬起向後伸，以右腿緊貼對方的左大腿內側，同時彎腰低頭，雙臂用力由上往下猛壓，右腿用力由下向上猛抬同時盡量伸直，頭部右太陽穴，緊靠在自己的左膝蓋上（如圖16-3）。

圖 15-3

圖 16-1

圖 16-2　　　　　　　　圖 16-3

十七、纏

　　1.攻者以左手抓住防者右袖口，右手抓住防者右上把（如圖 17-1）。

圖 17-1

圖 17-2　　　　　　　　　　圖 17-3

2.猛力將對方拉向自己懷內時，改用右肘挾住防者的頸部，同時要迅速用右腿將防者左腿纏住，自己的左腿略蹲下，雙手用力壓（如圖 17-2）。

3.左腳跳上半步，足尖向內，落在對方右足內側，同時猛挺腹，身體向右扭轉，右腿由下向上挑起，雙臂由下向上將對方的身體扳起向右後方拋出，目向右下方注視（如圖 17-3）。

十八、扣

1.攻者左手抓住防者右袖口同時扣其肘關節，右手抓住對方左偏門（如圖 18-1）。

2.用力將防者向後推，繼拉向懷內，此時對方重心頓失，必會右足向前踏出一步或半步（如圖 18-2）。

3.乘防者右足要撤未撤時，我即鬆開左手，下移快

圖 18-1   圖 18-2

圖 18-3

速緊扣防者之右膝彎處，同時右臂用力向後推送（如圖
18-3）。

十九、削

1.攻者以身體側撞並提腿彈我身體或以環肘提腿攻我時（如圖 19-1）。

3.我身體稍蹲，急出小腿削攻者之雙腿彎部，同時雙掌協同，一手推其胸，一手推其腰部（如圖 19-2）。

二十、彈　摔

1.攻者以左手抓防者衣袖或緊握肘關節，右手抓住防者左上衣領或右偏門均可（如圖 20-1）。

2.雙臂用力將對方拉向自己懷內右側方，同時右足落在其左足內側（如圖 20-2）。

3.當對方欲想後坐時，我即以快速抽左腿往左後方旋轉落在自己右足跟外側（即倒插步動作），同時重心

圖 19-1　　　　　　　　　　圖 19-2

移到左足，略蹲下，以右足上側面猛彈其左，右踝內側，腰及上體繼續向左後旋轉，雙臂隨勢向左後方用力拉下即可（如圖20-3）。

圖20-1　　　　　　　　　圖20-2

圖20-3

二十一、穿襠靠

1.攻者伸左臂時，我即以右手緊扣其左肘關節，同時左手緊握其左手腕部，雙手以快速的動作將左臂由右向左經胸前拉向左側方（如圖21-1）。

2.此時攻者重心驟失，必會左足向前跨出，落在我雙足間或左

圖 21-1

側，同時我即以右腳跨出，落在攻者右足跟部外側，緊握攻者手腕的左手繞過自己頭部，用力向左後方下拉右臂，快速穿繞過其右腿彎內側，往上緊抱，此時我後腦緊貼攻者左胸及肩窩處，右肩臂扛住其脇下，上體略向前俯下，雙腿半彎重心下沉（如圖21-2）。

3.左手用力拉右臂上抬，頭往後靠，肩背上扛挺胸，腹、膝伸直即可（如圖21-3）。

二十二、得合樂

1.攻者左手抓住防者右肘衣袖（或扣住關節），右手曲肘緊抓對方左上領（如圖22-1）。

2.雙手用力將防者拉向已之右側後方，同時左腳後撤至防者左足前，雙腿稍蹲（如圖22-2）。

圖 21-2

圖 21-3

圖 22-1

圖 22-2

圖 22-3

3.此時防者之左足已在我右腳外側，我即用右腿膝彎由內向外鈎住防者左膝彎向已後方，猛力鈎回，上身向前俯壓，同時將抓住對方之左手用力拉回已之左腰部，右手用力前推即可將防者摔倒（如圖 22-3）。

二十三、靠

1.對方上左步出左手欲抓我領襟時，我出左手由外橫抓其左手腕，同時速上右腳置於對方左大腿後方，右臂趁勢由對方左腋下穿入（如圖 23-1）。

2.我右臂向後靠，右腿向前頂，身體向右後方猛力轉將對方摔倒（如圖23-2）。

圖 23-1

圖 23-2　　　　　　　　　　圖 24-1

二十四、撖

　　1.我雙手抓其左右後領襟，身體向前傾（如圖 24-1）。

　　2.我撖右或左腿向後，同時抓對方衣領的雙手猛向後，向下撖對方（如圖 24-2）。

圖 24-2

二十五、摟

1.對方雙手伸出欲抓我衣領時，我雙手向上捧開其
雙手，身體下蹲抱其雙腿窩（如圖 25-1）。

2.將對方向上抱起向下摔倒（如圖 25-2）。

圖 25-1

圖 25-2

二十六、手 合

1.對方右手欲抓我左胸把時，我以左手打其腕部，順勢抓住，左腳成暗步（如圖 26-1）。

2.左手抓對方腕部，右手貼於對方左大腿內側近襠處，左腳後撤步成臥步（如圖 26-2）。

3.左手往左前方拉動對方身體重心，右手掌背貼在對方左大腿內側往上挑送，使對方身體往前摔倒（如圖 26-3）。

圖 26-1

圖 26-2

圖 26-3

圖 27-1　　　　　　　　　　圖 27-2

二十七、切 蹩

1.左手抓對方右肘關節處，右手小臂曲成環狀密接對方胸部，左腳後撤成暗步（如圖 27-1）。

2.重心移至左腳，右腳提起割對方右腿，同時左手拉緊，右臂出力，肩膀下壓，對方即摔倒地（如圖 27-2）。

二十八、抹脖踢

1.用右手按住對方的脖項，左手托起對方右手，左腳在前，右腳在後（如圖 28-1）。

2.右腳前進搭在對方的右腳踝上，右手用力按下使其身體下彎（如圖 28-2）。

3.右腳向裏用勁踢起對方的右腿，同時右手用力將

圖 28-1   圖 28-2

圖 28-3

對方的頸脖向右下方撳下，左手向上提，頭向右下方
甩，對方即倒（如圖 28-3）。

二十九、小得合

1.對方左架，自己右架，左手抓對方小袖，右手反握對方左腕（如圖29-1）。

2.左手向右下方推，同時左腳上步落在對方右腳前蹲下（如圖29-2）。

3.右腿插入對方襠中，向右畫圓同時跪右膝，大腿和小腿挾住對方左小腿，右手向外放開對方左手，立即下滑握住對方左小腿，上體前傾向右轉，以胸衝壓對方左大腿（如圖29-3）。

三十、抓袖抱腿枕

1.兩人均左架，進攻者左手抓對手小袖，右手封住對手左手（如圖30-1）。

2.攻者左手向右後方拉，同時右腳上步，落在對方兩腳後方，右腿屈膝，並緊靠對方左腿，上體右前傾，頭部枕骨，頸部和肩部貼緊對方腹、胸部（如圖30-2）。

圖29-1

圖29-2

圖 29-3

圖 30-1

圖 30-2

圖 30-3

　　3.攻者右手撥開對手左手，從後方抱對方右腿，左
腳撤步，同時蹬腿、挺腰、腹，仰頭，頭頸向後方枕對
方腹部，左手向左下方拉，右手向上抄（如圖 30-3）。

圖 31-1　　　　　　　　　　圖 31-2

三十一、抱單腿（抱大腿）

1.兩人均為右架，攻者雙手反握對方兩手腕，或不讓對方抓住自己（如圖 31-1）。

2.攻者先向前滑步，右腳落在對方兩腿之鼎，左腳落在對方右腳外側，同時下蹲，右臂插入對方襠中，右手自後方托住對方右胯，左手自外邊抱住對方右大腿，頭部右側緊靠對方身體右側，胸部緊貼對方腹部與右大腿（如圖 31-2）。

3.挺腹、直腰、抬頭，迅速站立，雙手向上端、把對方抱起（如圖 31-3）。

圖 31-3　　　　　　　　圖 32-1

三十二、抱雙腿

1.攻者左架，對方右架，同抱單腿一樣，不讓對方抓住自己，或以雙手封住對方的雙手（如圖32-1）。

2.攻者上右腳在對方雙腳之間，左腳跟進，並迅速下蹲，雙手自外向內抱住對方兩大腿的上方，右肩緊靠對方腹部，頭右側緊貼對方體側，雙手向後勒抱（如圖32-2）。

圖 32-2

3.直腰、挺腰、將對方抱起（如圖32-3）。

圖 32-3

圖 33-1

三十三、抓袖穿襠靠

1.兩人均左架，攻者左手抓對方小袖，右手封住對方左手（如圖 33-1）。

2.攻者左手向右上方拉，同時右腳上步，落在對方雙腳後方，右腿擋住對方左大腿，身體前傾，右手插入對方襠中，並緊握對方右膝窩，頭自對方右臂下穿過，肩、背緊靠對方胸、腹

圖 33-2

部，左腳向左後方撤步，落在對方左腳外側同時蹲下（如圖 33-2）。

圖 33-3　　　　　　　　　　圖 34-1

　　3.蹬腿、挺胸、挺腰，抬頭向後仰，同時左手下拉，右臂向上抄抬（如圖33-3）。

三十四、抓袖手別

　　1.兩人均為右架，攻者左手抓對方右小袖或手腕，右手反握對方左手腕（如圖34-1）。

　　2.右腳上步插入對方襠中，落在對方雙腳腳跟之間

圖 34-2

成左弓步，右胯緊靠對方腹部，左手向右後方拉，右手穿入對方右腋下手掌按壓對手右膝蓋（如圖34-2）。

3.向左轉體，伸腰、轉頭（如圖34-3）。

三十五、抓袖、領勾踢（俗稱搓）

1.對方左架，攻者右架，攻者右手抓對方上領，左手抓其小袖（如圖35-1）。

2.攻者右手向下按，左手向右前方推，迫使對方向左轉體，右腳上步，落在對方左腳後，並自後方勾住對方左腳跟（如圖35-2）。

3.左腳上步落在對方左腳前，雙手向右前下方推按，右腳向左上方勾起對方左腳跟，身體要前傾（如圖35-3）。

三十六、擠

1.雙方均右架，攻者左手抓握對方小袖把，右手反

圖34-3

圖35-1

抓對手左手腕（如圖 36-1）。

2.攻者右腳上步以腿堵攔對方左大腿（如圖 36-2）。

圖 35-2

圖 35-3

圖 36-1

圖 36-2

圖 36-3　　　　　　　　圖 37-1

3.攻者放開對方左手腕速抬起右臂置於對方頸側或腋下，同時身體側後轉體將對方向右方擠倒（如圖 36-3）。

三十七、抱雙臂

1.攻者右手抓對方左小袖，左手抓對方左偏門，即攻者雙手均抓對方左小袖與左偏門（如圖 37-1）。

圖 37-2

2.守方左手鎖握對方抓偏門之手臂與抓小袖之手臂，右臂自下方向上圍抱攻者之右大臂，形成抱雙臂之手法（如圖 37-2）。

圖 37-3　　　　　　　　圖 38-1

3.然後撤成背步轉體向後踢腿將攻方摔倒（如圖 37-3）。

三十八、插腿別(彆)

1.攻者挾住守者之頸子，並提腿向後別摔時（如圖 38-1）。

2.守者下蹲同時出腿插入攻者雙腿間彆其支撐腿（如圖 38-2）。

註：凡對方使用轉體進腰的動作，都可使用插腿別的動作反擊之。

圖 38-2

太極跤③　中國式摔角

第四章　摔角的技術變化

　　摔角技術的應用，貴在變化，而變化時特別注意到：部位、角度、速度、合力，以及控制時間、機會才能發揮效果，克敵制勝。摔角變化技術之能否得心應手，須在三方面下功夫，即：基本技術、輔助運動、變化技術，摔角的變化技術有：連續攻擊、反攻擊，茲摘其重要者簡述於後以供學習者參考。

第一節　連攻技術

　　摔角技術的發揮，必須首先建立一個連續攻擊的觀念，所謂連續攻擊，就是第一個動作沒有將對方攻擊倒地，緊接著再利用對方的弱點改變一種技術攻擊，再不能成功立即改換另一個技術攻擊對方，如此繼續不斷的攻擊，直到對方被摔倒為止，此即所謂的摔角的連續攻擊技術。

一、斜打→削

　　此動作是攻者先以右足斜打技術，未能將對方摔

倒，即刻以左足削割對方之右腿彎，將之削倒（如圖 1-1、1-2）。

二、環肘→纏腿把肩摔

此動作是我以環肘挾對方頸項而未能將對方摔倒，即刻以靠近之小腿纏繞對方之主力小腿，同時一手把其肩向後，轉身提腿將對方摔倒（如圖 2-1、2-2）。

三、斜打→抹頸摔

我先以斜打動作攻擊對手，對手突將被我攻擊足後撤，此時其重心向前，我即刻把握時機，用抓其偏門之手，翻壓對方後頸向前向下猛力撤按，同時以腿猛踢其重心足踝，對手必倒（如圖 3-1、3-2）。

圖 1-1

圖 1-2

圖 2-1

圖 2-2

圖 3-1

圖 3-2

四、環肘 → 外拌子

我用環肘挾頸攻擊對手，對手將頭逃出我之臂肘彎外，此時我即以挾其頸項之手向後下抹壓對手之面部，並以小腿猛力向上鉤割對方之主力腿，對手必跌倒（如圖 4-1、4-2）。

五、上把踢 → 下把後踢

我以上把前進踢攻擊對手，對手將被我踢之腿向上提起，此時我即刻改用上把後踢的動作繼續攻擊，對手必倒地（如圖 5-1、5-2、5-3）。

圖 4-1   圖 4-2

太極跤③　中國式摔角

圖 5-1

圖 5-2

第
四
章

摔
角
的
技
術
變
化

圖 5-3

六、下把後轉 → 分手

我以下把後轉的動作攻擊對手，對手突用雙手掌向我眉部推來，此時我即以雙手向上右、左分開其推我眉部之手，同時撤步轉體，一手摟挾其頸子，一手抓握其大臂，以環肘動作將對手摔倒（如圖 6-1、6-2、6-3）。

七、下把後轉 → 下把後踢

我用下把後轉攻擊對手未能成功，即刻以伸腿踢動作連續攻擊對手，對手必被摔倒（如圖 7-1、7-2）。

圖 6-1

圖 6-2

圖 6-3

圖 7-1

圖 7-2

圖 8-1

圖 8-2

八、揣→拉

　　我以揣的動作未能將對手摔倒，即刻改以拉的動作連續攻擊對手，對手必然倒地（如圖8-1、8-2）。

九、撿腿→彈擰

　　我先以撿腿動作攻擊，再以彈擰連續攻擊，對方必然摔倒（如圖9-1、9-2）。

圖 9-1

圖 9-2

第二節　反擊技術

摔角技術的反擊技術，可以說就是所謂的：以柔克剛，以巧制拙，以快制慢的上乘功夫。反擊技術就是一種破解對手技術的摔法，當對手以各種技術向我進攻時，我即時把握時間、機會，給予對手巧妙、快速的反擊，借力使力制服之。

摔角的反擊技術亦如連續攻擊法，因對手的動作以及當時的時機，可以變化出很多反擊技術。茲摘要介紹如後：

一、斜打 → 反擊斜打

對手用斜打的動作向我攻擊，我窺其動機後，把握機會制敵機先，以同樣動作反擊對手（如圖 1-1、1-2）。

二、撞，削反擊 → 環肘

對手用環肘挾頸的動作，向我攻擊，我速把握時機，以頭撞其肩部，並以小腿削其支持體重之腿將對手摔倒（如圖 2-1、2-2）。

三、挾頸摔反擊 → 拉

當對手以拉的技術攻擊我時，我即把握機先，在對手施術之前，即刻撤步轉體反挾對手之頸項，猛力向後踢腿，將對手摔倒（如圖 3-1、3-2）。

圖 1-1

圖 1-2

圖 2-1

圖 2-2

圖 3-1

圖 3-2

四、下把後轉反擊 → 下把後轉

此動作之性質同斜打反擊斜打。當對手向我使用下把後轉技術時，我即以更快之動作先發制人，亦以同樣動作攻擊對手，對方必被我摔倒（如圖 4-1、4-2）。

五、架樑踢反擊 → 架樑踢

敵人以架樑踢向我攻擊，我亦架樑踢反擊對方（如圖 5-1、5-2）。

六、抱摔反擊 → 上把鱉

對手用環肘挾頸法向我攻擊時，我先將身體下蹲並使身體與對方身體空出距離，用力將對手抱起摔下（如圖 6-1、6-2）。

圖 4-1

圖 4-2

圖 5-1　　　　　　　　　　　　　　　圖 5-2

圖 6-1　　　　　　　　　　　　　　　圖 6-2

圖 7-1

圖 7-2

七、挑反舉→挑

　　對手先以挑向我攻擊，我亦更快之同樣技術反擊對手（如圖 7-1、7-2）。

圖 8-1

圖 8-2

八、抄臂下把搵反擊→下把搵

對手以下把搵的動作向我攻擊，我先抄其臂，繼撤步以下把搵反擊之（如圖 8-1、8-2）。

第三節　摔角技術組合

在前二節中曾說明了連續攻擊與反擊技術，亦舉出些簡單的動作。此節中再提出二十三種組合技術提供參考：中國式摔角技術特別是連攻、反擊及變化技術可說多如牛毛，不勝枚舉，而經常在各家摔角前輩、先進等論著中看到的泰半是基本功與單一技術的指引以及輔助運動等，而在多種不同技術的組合應用卻罕見。

事實上摔角技術組合，無論是運動比賽，防身實戰是非常重要的，此節以拋磚引玉的心情提出一些不成熟的動作供參考：

一、撿腿→扣

　　先撿對手腿，再乘機扣對手腿窩（如圖 1-1、1-2）。

二、撿腿→抹後頸

　　撿對手腿時，對手將腿後撤，我即刻以手掌向後下方抹壓對手後頸，同時起足踢其左前之腿（如圖 2-1、2-2、2-3）。

圖 1-1

圖 1-2

圖 2-1

圖 2-2

圖 2-3

三、撿腿→擰

撿對手腿時，對手將腿後撤，我即刻向側方轉體猛力擰對手領襟，拉扭其偏門或小袖（如圖 3-1、3-2）。

四、撿腿→彈擰→走外揣

此技術是三個動作組合一氣呵成，此技術宜抓握其單臂施術較宜，先撿其腿，接著以腳背彈其另腿內側，再轉體下蹲拿臂揣（如圖4-1、4-2、4-3）。

圖 3-1

圖 3-2

太極跤③　中國式摔角

圖 4-1

圖 4-2

圖 4-3

五、下把背→小得合

以下把背未成功或為虛招，繼出小腿伸入對手襠內勾其支撐腿，同時同邊的手臂抱住對手小腿，身體猛撞對手下肢，另手抓對手偏門或小袖向上推舉（如圖5-1、5-2、5-3）。

六、環肘→挑→纏腿

我以手臂挾對手頸部，對手如前伏彎腰，我即提腿向上挑其襠，如直腰則以腿向後纏其小腿（如圖6-1、6-2、6-3）。

圖 5-1

圖 5-2

圖 5-3

圖 6-1

圖 6-2

圖 6-3

七、鎖肘→手扶子

我以鎖肘未成功，立即轉體以手掌按其膝蓋攻擊（如圖 7-1、7-2）。

八、左、右擰

抓對手上後領與小袖，先向右擰，再向左擰，在對手身體前傾時施術較宜（如圖 8-1、8-2）。

九、內勾腿→掃腳跟

我先以一腿伸入對手襠中向後勾對手支撐腿，未成功，立即以同腿之腳掌向內掃踢對手另一腳跟（如圖 9-1、9-2）。

圖 7-1　　　　　　　　　　圖 7-2

圖 8-1

圖 8-2

圖 9-1

圖 9-2

十、抱腿扛→拉

抱腿扛未成或虛招，立即雙手臂抱對手單臂以拉摔（如圖 10-1、10-2）。

十一、抱腿枕→抱腿扛

以抱對手腿枕未成，立即施以抱腿扛（如圖 11-1、11-2）。

十二、反手掀

對手以手扶子（手別子）攻我，而其腿未跟進，我立即以靠近對手身體之手臂順勢向上掀抬對手未跟進之腿（如圖 12-1、12-2）。

圖 10-1

圖 10-2

圖 11-2

圖 11-1

圖 12-1

圖 12-2

十三、抱腿→攦

對手上步抱我雙腿時，我速向後撤一大步，同時對手抓其肩領向下攦，使之仆伏在地（如圖 13-1、13-2）。

圖 13-1

圖 13-2

十四、刁捋 → 轉體摔

先以雙手接捋對手手臂，立即向己身後猛刁捋，接著轉體撤步向側方扭摔（如圖 14-1、14-2）。

圖 14-1

圖 14-2

十五、揣→走外揣

我先以裡手揣或虛招，俟對手反應後，立即掏對臂轉體走外揣（如圖 15-1、15-2）。

十六、靠→抱單腿

我以肩斜靠撞對手胸部，同時立即下蹲雙手抱其腿絆摔（如圖 16-1、16-2）。

十七、摟→抱腿摔

我先上步雙手摟其雙腿未成或虛招，俟其反應立即抱扛對手雙腿（如圖 17-1、17-2）。

圖 15-1　　　　　　　　　圖 15-2

圖 16-1

圖 16-2

圖 17-1

圖 17-2

十八、撳→抖摔

　　我先施以撳，繼以抖、摔向左、右方側抖摔（如圖 18-1、18-2）。

圖 18-1

圖 18-2

十九、反環肘

　　對手以環肘攻擊我，我先以一臂自對手腋下繞過並反按對手額部或喉部，俟其回身解脫時，立即施以環肘反摔之（如圖 19-1、19-2、19-3）。

圖 19-1

第四章　摔角的技術變化

圖 19-2

圖 19-3

二十、摘盔反制揣

對手抓我單臂施以揣，我立即出手掌抓其頭頸向後下拉（如圖 20-1、20-2）。

圖 20-1

圖 20-2

二十一、左扣→右揣或拉

我先向對手施以扣或虛招，俟其反應後，立即轉體揣或拉（如圖 21-1、21-2）。

圖 21-1

圖 21-2

二十二、高矮速動對付 → 扣

對手下蹲扣我腿，我立即以高矮速動推其頭、胸部（如圖 22-1、22-2）。

二十三、掏臂抹眉踢 → 抹頸踢 → 扣

我先向對手施以抹眉踢，未成即刻以抹頸踢，仍未有效，立即上步扣（如圖 23-1、23-2、23-3）。

圖 22-1

圖 22-2

圖 23-1

圖 23-2

圖 23-3

太極跤
③

中國式摔角

第五章　摔角的輔助運動

　　輔助運動與補強訓練，體能訓練或體力訓練，名稱雖異，性質相同，其主要功用在於增強體力，以利於技術的發揮，各項運動皆有其特殊的身體機能，針對這些特殊機能加以訓練，稱之謂輔助運動。中國摔角的輔助運動，是專為訓練摔角而設計的，共有二種訓練方式，一種是徒手，其目的在加強局部動作的力量與技巧，以奠定摔角運動之基礎。一種是器具，其目的除增加局部肌力外，主要是藉器械來練習各種摔角式，增加摔角的肌力、瞬發力，以及協調能力，簡述於後：

第一節　徒手輔助運動（註1）

一、抓　空

　　是訓練手指的動作，其目的在加強手指的抓力與握力，隨時隨地均可練習，其動作方法與要領：雙臂平伸，五指分開，然後用力握緊，再伸開，如此反、覆練習，陰、陽掌均可。

二、走矮步

矮步法是加強腿部的肌力，並訓練步法之穩、健。練習方法與要領：上體保持正直，兩手握拳，抱肘，行進時要求大腿與地面保持水平。

三、站馬步

馬步屬於摔角的基本步法，其目的是增強下肢肌力，同時亦可收到靜心養氣，穩固重心的效果。練習方法與要領：兩足分開約 90 度至 120 度，上體正直，大腿水平，兩臂自然下垂，向前平舉或雙手叉腰均可，身體重心置於雙腿中間及兩足掌之上。

第二節　器械輔助運動

一、抓罈子

抓罈子的功用，是訓練手指的抓力與手臂的力量。練習方法與要領：練者以騎馬式的步法，五指伸開，抓住罈口的上緣，手臂伸直，將罈子向上提起與肩平為止。左右反覆練習，時日一久手臂力量自增，然後罈內滲鐵沙增重，其效尤彰，或抓啞鈴（堅直）亦可。（註2）

二、擰小木棒

小木棒長九寸，圓徑二寸，棒子的大小粗細，可以練者手的大小而定，以柳木製者較佳，其作用旨在增強

手與臂的力量，其方法與要領：

（一）上、中、下擰法

預備姿勢：立正，兩手握木棒，手心向內，手背向外，挺胸收腹，眼平視。

1.動作一：雙手將木棒握緊，不停的擰轉，漸漸向上舉起，兩臂伸直，繼續擰轉。

2.動作二：雙足不動，上體右轉，雙臂漸漸由上落下，與肩平為止。

3.動作三：雙臂與上體，同時由右漸漸轉至左面。

4.動作四：雙臂與上體，同時由左漸漸轉至右面。

5.上體半面向右，同時雙臂也漸漸落下伸直，停於右下方，兩眼注視木棒。

6.動作六：雙臂與上體，同時右方漸漸的擰轉至左方，目注視木棒。

7.動作七：雙臂與上體漸漸由左轉至正面，上體再漸漸的彎下，雙手握棒落於地面，雙臂與腿伸直。

8.動作八：雙臂與上體，漸漸由正下面轉至右下面，目注視木棒。

9.動作九：雙臂與上體，漸漸由右下方轉至左下方，目注視木棒。

停時，還原為預備姿勢。

（二）左、右、中擰法

預備姿勢：身體直立，雙手於腹前交叉握棒。左手在外，右手在內，手心向內，手背向外，挺胸收腹，然後兩足跳開分立與肩同寬，成騎馬式。

1.動作一：雙手將木棒擰轉舉起，兩腕左、右分開。雙手握棒於胸前與肩同高，雙肘緊靠。

2.動作二：右手向外擰轉，左手向裡擰轉，同時向前推出，右腕蓋於左腕上。

3.動作三：雙手仍將木棒擰回，並舉至胸上，雙肘緊靠。

4.動作四：左手向外擰轉，右手向裡擰轉，鬆手握棒向下伸，左腕在外，右腕在內，雙目注視木棒。

5.動作五：雙足掌為軸，與身體同時向右轉，成右弓步，同時雙手將木棒擰轉舉起，兩腕左、右分開。雙手握棒，並拳置於面前，與眼齊，雙肘靠緊。

6.動作六：右手向外擰轉，左手向裡擰轉，同時向前推出，右腕蓋於左腕上。

7.動作七：雙手將木棒擰回，並拳置於胸前，雙肘靠緊。

8.動作八：左手向外擰轉，右手向裡擰轉，同時向下伸直，左腕在外，右腕在裡，目視木棒。

9.動作九：身體轉正，雙腿作騎馬式，雙手將木棒擰回，置於胸前，雙肘靠緊。

停時，還原為立正姿勢。（註3）

三、擰大木棒

大木棒，長約二尺六、七寸，兩端粗細以手掌能握為宜。木質宜堅硬光滑，檜木製為佳。此項的功用：主要在訓練腰部與腿部的頸力及轉動力，並加強腕部的力量。

（一）左、右提棒運動

預備姿勢：騎馬式，雙手握住棒端，手臂向外，置於膝前。

1.動作一：雙足掌為軸，與身體同時向右轉，成右弓步，同時將棒向右方撐出，置於腹前。右手將木棒上提，虎回向下，平放鬆握棒端，兩眼前平視。

2.動作二：雙足掌為軸，與身體同時反向左轉成左弓步，同時右手在上，將棒子朝下，向左方撐出，右手自下向左上方提起，手放鬆握棒端，兩眼向前平視。

（二）左、右蓋棒運動

預備姿勢：身體立正姿勢，雙手握棒置於腹前。

1.動作一：右腿向右跨出一步，左腿向右腿後倒插步，同時雙手將木棒向右伸出，頭向右轉，目視右手。

2.動作二：雙足掌為軸，身體向左轉，同時左手將棒提起，成直線，身體略後仰，面右轉，目視右手，然後身體由左向後轉成弓步，同時左手將木棒由上撐轉，收置於腰間，右手握棒由右胯舉起，環繞一週，用力向前蓋下。

3.動作三：左腿向前跨出一步，右腿跟上半步，兩足併攏，立正還原成預備姿勢。（註4）

四、抖筐子

抖筐子的功用，主要在練習將重物提起抱起的動作。筐子以竹編製為佳，直徑一尺半，高一尺七、八寸。筐內盛沙與石。初練時重量視體力負荷能力為準，爾後逐漸增加，若能增至超過自己體重一部，最為理

想。

預備姿勢：騎馬式，筐子放在面前一臂距離遠。

1.動作一：雙手十握住筐子兩邊，將筐子提起，左足掌為軸，右足上一步，與身體一同向左向後轉，雙足在一線上，同時腰部挺起，用胯骨部位將筐子抵住，頭向左轉，目視筐子。

2.動作二：雙手將筐子放於面前，繼續向左方向同方法練習。（註5）

五、擰藤把

用長約二尺之藤條一束，以麻繩捆成直徑約二寸圓柱形。練習時以自然體或騎馬式站立。兩握住藤把，用力扭轉，扭時須快，並盡量延長時間，以加強手、腕、臂等部之肌力。（註6）

六、踢藤樁

以二十條至四十條之藤條，以藤皮或麻繩固定後埋於地面。其練習方法：

（一）臂力訓練

以斜打動作打擊之，待其彈回後再打擊，如此繼續練習，或正面騎馬式而立於樁前，以左、右交換打擊亦可。

（二）踢及衡踢訓練

雙手叉腰立於樁前。右、右足交換踢樁。

（三）繼腿訓練

以腿纏住藤樁，訓練纏腿動作。（註7）

七、丟砂袋

用一尺方之白帆布製成袋，內裝鐵砂，其重量普通以十市斤為宜，可視練之肌力而增加，其訓練方法分個人與團體，個人練習以單手將沙袋拋向高處然後接握，左、右手互練。團體訓練則眾人圍成一圓圈相距六尺，以向前拋出、向後拋或轉身撤步拋配合左、右手接。此器材不但可練手指之抓力，更可練習反應敏捷及協調能力。（註8）

八、滑車訓練

以三根木柱架成三足架，上置滑車，架下設坑，以繩結重石跨過滑車，尾端約六公尺處分成兩端。練習時兩腿分開成騎馬式，雙手抓住繩之兩端向前平伸，將繩拉直，使石離地。繼將兩手向左、右張開使石上升，再將雙手前送，使石下落，如此繼續練習，對臂力之增強有決定性之影響。（註9）

九、花磚訓練

推花磚為訓練抓力、臂力之補強運動，其方法：

（一）三 平

兩手抓住磚塊向前平伸，並扭轉磚塊，兩腿並立夾緊成蹲姿。同時兩足要平行。腰伸直、眼平視，因其手平、腿平、足平，故謂之三平。

（二）合 臥

兩腿分開成騎馬式，兩手抓住磚塊向左、右平伸，

並扭轉磚塊。（註10）

十、抖帶訓練 （註11）

抖帶俗稱皮條，帶子長度除兩端握柄外，其間距離約與肩同寬。其種類甚多，有皮條、麻繩、麻布，以及鐵鏈等。然其練法則同，抖帶是中國摔角技術最特殊、最有效的一種器械輔助運動，其功用在於假想摔人，使手腳動作協調，並加強臂力、握力、腰力。練習方法很多，茲略述數種最基本動作於後，供學者參考：

（一）騎馬式

1.預備動作：雙腳分開成騎馬式，雙手握帶，自然下垂，拳心向後，拳眼相對（如圖1-1）。

2.動作方法與要領：（如圖1-2、1-3）。

（1）雙腳不動，左手向下拉，置於腿外側，右手向左上方抖，手與肩平。

（2）雙腳不動，右手向下拉，置於右腿外側，左手向右上方抖，手與肩平。

（3）如此交互練習，停時恢復預備姿勢。

（二）左右弓步

1.預備姿勢：立正直立姿勢，雙手握帶，雙臂自然下垂，拳心向後，拳眼相對。

圖 1-1

2.動作方法與要領：（如圖2-1、2-2）。

圖1-2

圖1-3

圖2-1

圖2-2

（1）身體向左旋轉成左弓步，左手向下拉，右手向左上方抖。

（2）雙腳不動，身體右後旋轉，成右弓步，右手向下拉，左手向右上方抖。

（3）如此交互練習，停時恢復預備姿勢。

（三）左、右按步

1.預備姿勢：與左、右弓步相同。

2.動作方法與要領：（如圖3-1、3-2）。

（1）左足向左橫跨一步，倒叉右步，右膝蓋頂住左腿彎，身體下蹲，左手向下拉，置於左膝外側，右手向左上方抖，手與肩平。

（2）右腳向右橫跨一步，倒叉左步，左膝頂住右腿

圖 3-1　　　　　　　　　圖 3-2

彎，身體下蹲，右手向下拉，置於右膝外側，左手向右上方抖，手與肩平。

（3）如此交互練習，停時恢復預備姿勢。

（四）前進弓步

1.預備姿勢：與左、右弓步同。

2.動作方法與要領：（如圖 4-1、4-2）。

（1）出左步成左弓步，左手向下拉，置於左膝外側，右手向左上方抖，手與肩平。

（2）出右步成右弓步，右手向左下拉，置於右膝外側，左手向右上方抖，手與肩平。

（3）如此交互練習，停時恢復預備姿勢。

圖 4-1

圖 4-2

（五）前進踢

1.預備姿勢：與左、右弓步同。

2.動作方法與要領：（如圖5-1、5-2）。

（1）第一動與前進弓步相同。

（2）左腳不動，右腳向左前方猛踢，腿伸直，足尖向內勾，右手向下拉，置於右腿外側，左手向右上方抖，手與肩平，目視後方。

（3）右腳落於右前方成弓步，姿勢與前進弓步第二動相同。

（4）右腳不動，左腳向右前方猛踢，腿伸直，足尖向內勾，左手向下拉，置於左腿外側，右手向左上方抖，手與肩平，目視左後方。

（5）如此交互練習，停時恢復預備姿勢。

圖5-1　　　　　　　　　　圖5-2

（六）前進後踢

1.預備姿勢：與前進踢相同。

2.動作方法與要領：（如圖 6-1、6-2）。

（1）與前進踢第一動相同。

（2）與前進踢第二動相同。

（3）以左腳為軸，右腳收回來，足踵與左膝平，繼將身體左後轉，同時右腳向後打，成左弓步，左手向下拉，右手向左上方抖。

（4）上述為右式，左式與之相反，左、右交互練習，停時恢復預備姿勢。

（七）上把前進後踢

1.預備姿勢：與前進踢同。

2.動作方法與要領：（如圖 7-1、7-2、7-3）。

圖 6-1

圖 6-2

圖 7-1

圖 7-2　　　　　　　　圖 7-3

（1）與前進踢第一動相同。

（2）上右步，倒叉左步成按步，右手向下拉，左手向右上方抖。

（3）以左腳為軸，右腳向後打，身體左後轉，成左弓步，左手向下拉，右手向左上方抖。

（4）上述為左式，右式與之相反，左、右式交互練習，停時恢復成預備姿勢。

（八）抱

1.預備姿勢：與左、右弓步同。

2.動作方法與要領：（如圖8-1、8-2）。

（1）左腿分開，與肩同寬，低頭彎腰向後看，同時左、右手向外抖，最後兩手垂直。

（2）使兩膝彎曲後再伸直，伸腰仰頭向上看，同時

圖8-1

圖8-2

雙臂上舉向外抖。

（3）如此交互練習，停時恢復預備姿勢。

（九）揣

1.預備姿勢：成騎馬式，雙手握帶之一端相抱與過頭頂，目視上方。

2.動作方法與要領：（如圖 9-1、9-2）。

（1）雙腿向後挺直，猛低頭，雙手向下拉，雙足後蹉，目視後方。

（2）抬頭舉臂過頂，恢復預備姿勢。

（3）如此交互練習，停時恢復預備姿勢。

圖 9-1　　　　　　　　　　圖 9-2

附　註：

註 1：郭愼著，中華民族武藝中國摔角術之研究，政戰學校印引，民國 73 年 7 月，台北市，85 頁。

註 2：同註 1，86 頁。

註 3：同註 1，86-88 頁。

註 4：同註 1，88-89 頁。

註 5：同註 1，89 頁。

註 6：同註 1，89 頁。

註 7：同註 1，89 頁。

註 8：同註 1，89-90 頁。

註 9：同註 1，90 頁。

註 10：同註 1，90 頁。

註 11：同註 1，90-98 頁。

太極跤③　中國式摔角

第六章　摔角的攻防原則

摔角是一種競爭激烈的技術，每一動作無不包括勝負意義在內，攻擊的方法是以戰勝對手為目的，防守的方法則是防禦對手之攻擊而不被摔倒，並乘勢摔倒對方，為求技術之能充分發揮，達克制對手而獲得勝利，必須在攻防原則上研究。

第一節　摔角的一般原則

一、自然體

摔角時不論是攻擊與防守，都需要保持自己身體重心之平衡與穩定，以使身體運轉自如，易於攻擊，亦易於防守。此為攻守原則之首要，而身體姿勢能保持自然體，則可攻可守。

二、眼之作用

眼之作用主要在觀察對方體重之轉移，步法之變換，在對手身體轉移時機中，盡量窺其空隙、虛實、傾危之處，適時使用技術，攻擊對手或反擊對手。

三、手之作用

摔角時當對手身體重心穩固，自然體不變時，我必須以推、拉的動作使其穩固的重心傾斜、移動，方可使用技術，攻擊對手。

四、心理作用

摔角技術之鍛練固屬重要，而精神之修養亦不可忽視，故在平日練習或正式比賽時，對手如何輕視自己，如何傲慢，均須保持不恐、不怒、不亂之態度，一心一意全力應付對手之動作，同時更要做到對強者不懼怕，對弱者不輕心的比賽心理，則精神之修養要領得矣。

五、試　敵

知己知彼，才能百戰百勝，故與人對摔時，除了事前的調查外，重要的是臨場的試驗，試探對方力量之大小，反應之快慢，技術之變化等，然後針對對方的缺失之處予以有效的攻擊，可獲出奇制勝功效。其次有關自己重心之交換，姿勢與動作之虛、實、技術之使用，方向之移轉，尤應多所留意。

第二節　摔角時身體的移動

所謂身體的移動，乃指身體在練習或使用摔角技術時的走動進退而言，在摔角的技術上身體進退移動非常重要，如果進退不當，不但無法摔倒對手，反而會被對

手摔倒。相反的如能正確適當的進退，不但可以很巧妙的發揮技術去摔倒對手，而且也可以防禦對手的攻擊而反擊之。

怎樣才是適當的身體運動呢？最主要的是腳步的運動，腳在移動時須注意兩件事：第一是兩腳的間隔不可過窄，也不宜過寬，過窄時自己穩定面太小易為對方所乘，過寬則技術使用時不易發揮。

其次在進退時兩腳不宜離地太高，以致讓對方發現自己重心太高，而遭攻擊，最好腳尖稍向上，腳底隨時與地面輕觸而行，同時腰部要伸直。

第三節　摔角時姿勢的破壞

摔角時首先要破壞對方平衡穩定，因為對方很自然，平衡穩定地站在那裡，是不容易被摔倒的，所以必須先將對方平衡穩定的姿勢破壞，然後用技術攻擊便容易摔倒對方。

破壞平衡的方向有八，即：前、後、左、右、左前、右前、左後、右後。

破壞對方平衡的方法為推與拉，以及在第二章，第八節中所提及的摔角基本掙脫法的：撕、崩、捅以及圈、抄、打等方法，同時在運用之時要虛虛實實，真真假假，使對方捉摸不著而為我所制。

太極跤③ 中國式摔角

第七章　摔角的戰術

　　所謂戰術一詞，通常係指軍隊所採行的一種作戰方式，事實上，所謂戰術泛指各種競賽或商業經營所採用的方法。有關戰術的運用，不但在各種運動項目競賽中是不可缺少的，在商場上更將我國兵聖『孫子兵法』中的各種戰術靈活運用而致「百戰不殆」，獲得勝利。

　　中國式摔角是兩人直接互相抗爭的運動，中國式摔角運動其根本就是一種強力運動，此與吾人常講的強力籃球運動是同一道理，摔角運動要在複雜、多變、快速的抗爭中要想爭取勝利，除了要俱有堅實的基本功、熟練的技術、充沛的體力（身體素質或稱體力要素）、頑強的戰鬥意志之外，更要靈活的戰術才能夠獲得最後勝利。中國式摔角運動在比賽時所需要的戰術可說非常多，茲將從北京體育科學會編印的『教練訓練指南』與樊正治教授所著『摔角戰術和修養』專論中摘要，提供愛好中國式摔角同好參考：

　　一、能掌握全面的技術，須知摔角戰術的基礎是建立在摔角技術上，技術能全面發揮、熟練、戰術才能靈活，運動員的技術必須要左、右雙邊都會運用，更要能攻能守，如能俱備上述條件，必須要俱備一專多能，亦

即必須要將摔角技術純熟、精練俱有相當的功力，可防禦對手的攻擊，更要俱幾套絕招，才能獲得勝利。

二、搶手抓把、先發制人，中國式摔角中，只要能早一點抓好對手的把位，才能使用各種技術攻擊對手，特別是一些大動作，一定要先抓牢對手把位，才能使用招術，而且先出手抓對手把位更是爭取主動，有利的進攻機會，而主動攻擊，其主要作用是不給對手發揮技術的機會。

三、利用與創造戰機，中國式摔角前輩常東昇所示，中國式摔角是一種智與力的武術運動，在施術時要注意部位、角度、速度、合力、變化，特別要利用、控制戰機，才能得心應手。例如對手向我撲來時，我可用背摔的技術，對手向後掙扎或拉我向前時，我用得合技術，如無適當的戰機時可先推、拉、扭或以聲東擊西的方法創造戰機，例如當對手身體向前傾時，為了創造摟或抱腿的戰機，可先突然用手向上搖晃，引導對手抬頭，直腰，我即刻進身蹲屈速抱對手腿，相反的我欲用撤的技術時，先引導對手向前彎腰，再以撤摔。

中國式摔角攻、守戰術是互相依存，互相轉化，兩人對搏時如要使用技術，一定在動作的瞬間會暫時失去平衡，而彼此必須撐握著對方失去平衡的殺那間用技術攻擊對手。例如對手以環肘（挾頭）蹩摔我，對手抬腿後還沒蹩上我腿時候，我以削腿的方法反擊對手（左小腿從外邊對手左小腿或從裡面勾對方左小腿），或以左手掌向後抹壓對手眉額，立即蹲身以右臂抱對手腿部抱摔，能夠利用對手失去平衡的機會固為良法，但決不可

消極的等待，一定要積極主動地使用技術來創造戰機；例如在攻擊的時候，我方可將數個技術聯合起來使用，如此對手不易得手，而為我所乘；例如我同以挾頭蟞摔為例可挾頸蟞（環肘），挑、纏腿三個動作配合使用，我拉對手時，對手順我拉力而過來，我即以挑摔，如其直腰，抬頭抗拒，我即施以纏腿摔。

第一節　攻擊戰術

攻擊的戰術在普通比賽時，參加比賽者形形色色，對某選手應施某種方法攻擊，自然不能夠一概而論，茲就對方的情形，以及攻擊應採的策略，分述如後：

一、猛　攻

猛烈的攻擊，可施之三種時機：

（1）對方體力較弱，或技術較遜，開始即行猛烈攻擊，意在刹那奏效。

（2）對方持久力較小，就使用柔和的方法，以消耗對方之氣力，待其力竭，則施以猛攻。

（3）對方經驗不夠，方法較疏，開始即施以連續之猛攻，對方自不易抵抗。

二、靜　攻

靜候機會之攻擊，多施之於二種時機：

（1）對方體力好，惟經驗不足，動作慌張，可先以柔和方法與之周旋，待露破綻，再施攻擊。

（2）對方體力好，惟性情急躁，初與接觸，頗有其鋒不可當之勢，如此即以柔和方法與之周旋，視其體力衰竭時，迅施反擊。

三、柔 攻

國術中所謂「沾、連、黏、隨」，實即「柔化順從」，「四兩撥千金」之意，倘摔角時能以柔和之方法，化去對方之力量，以順從的方法，去隨和對方之力量，即算得到國術中「化勁還虛」之要領，又利用方向角度，將攻擊之力量，由大化小，由正化斜，引之落空，再藉力使力以攻擊，結果易於制勝。摔角時，雙方接觸機會較多，此種柔化方法，宜多研究，普通用此法，多見於三種時機：

（1）名家對名家。

（2）身材高大，性情急躁，而技術較遜者。

（3）對短小精悍，而技術高深，經驗豐富者。

四、誘 攻

在摔角時，故意露出破綻，予對方攻擊之機會，待其深入，然後出奇制勝，或是誘其將原防守姿勢改變之後，施行攻擊，此種誘攻的方法，在比賽時隨時可以看到，故研究摔角者，必須隨時注意此點。

五、偽 攻

先施一偽法，使對方誤以為真，待其露出破綻，或顧此失彼時，即行攻擊。

六、轉移攻

移動我之部位與方向，迨至對方之方向亦轉變時，再施以攻擊。此法大多用於雙方相抵，各無進攻時，我將步向一側移動，使與對方成斜對方向，及見對方身體之部位及姿勢隨我變化而重心未穩定時，即行攻擊之。

七、依對方重心所在而攻擊

此法即照對方之重心施以攻擊，使其失去重心之意，例如對方重心偏於前，則由上向後拉，對方重心偏於後，我上體向前推，下肢向後掛，對方重心偏於左我則下肢向右攻，上體向左攻，餘可類推。

八、依對方姿勢之高低而攻擊

比賽時對方之姿勢較我為高，則設法攻其下肢，因其由高而下難於防範，易於攻擊，倘對方姿勢低，則設法攻其上體，因其姿勢既低，上體便於抓握，且適於用力之故。

九、依對方身材的大小而攻擊

比賽時對方之身材高大，須多攻其下肢，因其身材高大，動作則迂緩遲滯，在其防我下肢之攻擊時，勢須彎腰，則可利用其重心偏差之機會，施以攻擊，倘對方身材矮小，自然須抓其上把，此時一面在上體用力，一面並宜多用足部攻擊。

十、依對方的兩足位置而攻擊

比賽時如對方兩足前後站立，此時宜用足攻，如對方兩足左右平放，則宜多進胯攻之。

十一、依對方的專長而攻擊

摔角多重在一側，即所謂「左門」與「右門」。如對方長於左門，宜多用右門攻，如對方長於右門，宜多用左門攻，因長於右者，則左側之防力較遜，長於左側者，則右側之防力較遜，此即所謂「窺其隙而攻之」的方法。

十二、於對方攻擊後攻擊

拳譜上講：「陰須轉之以陽，陽須轉之以陰」，其用意即在證明第一動作發出後，必須再將之收回，摔角時自亦有此種現象。例如對方使用某一種方法，在該方法失敗之後，勢須將所動之部分收回，然後再使用第二種方法，在其收回時，至少須將姿勢改變，所謂攻擊後攻擊，即利用其收回某一部分及其改變姿勢之機會，予以攻擊。

十三、於對方攻擊時攻擊

比賽時使用方法攻擊，必須先將原來姿勢變動，在改變姿勢時，重心一定有偏差，可利用其重心偏差之機會，施以攻擊，此時兵法所謂「半渡而擊之」，亦即拳譜上說：「人要動、己先動」之理。

第二節　防守戰術

防守的意義，即係在摔角時如何不使對方接近我之身體，及既迫近我之身體，並向我施行攻擊時，應如何設法解脫，由此可知防守之重要性，與攻擊相等，茲將防守之策略，分述如後：

一、觀察防守

觀察防守，即比賽時，以沉靜的腦力，去觀察對方之動向，然後依對方之動向，設法防守之，除注意動向外，並須注意對方的精神、視線。例如對方神經緊張，為將動之表示，對方以眼視我之上部，則有攻我上部之可能，在其窺我左部時，左部即有被攻之危險。

以上所舉之防守法，可稱之為觀察防守，但須判別真偽，謹防愚弄。

二、柔化防守

比賽時以柔和之力量，將對方攻來之力量由大化小，攻來之方向由正化斜之防守法，稱之為柔化防守。對方向前拉我，我亦隨之前進，不使其利用我之反應，以依托彼之重心，再如對方向後推我，則隨之後退，不與之反抗，此種策略，即「以柔克剛」之法，久練摔角者，自然領會其中之妙。

三、穩固防守

穩固防守，即將姿勢站立穩固，任其攻擊之意，此種方法多用於三種情形之下：

（1）對方體力較弱，我可擺定穩固姿勢，任其使用方法。

（2）我已抓住得力之把，且對方之持久力較遜於我，此時可將姿勢穩固站好，任其攻擊。

（3）對方之體力較強，而技術較遜，可先站好姿勢，任其攻擊，以消耗其氣力。

四、阻礙防守

阻礙防守，即阻止對方不得接近我身體，及抓得力之把的方法。例如對方右手及右腿在前，則必長於右門，宜將左足微向後放，左手微高，防其抓右上把，左肘下垂防其抓右下把。如對方之姿勢較高，則將兩手同向上微舉，以防其抓上把，對方姿勢較低，兩手則隨之下降，以防其抓下把。如對方抓我右上把，則以左手向後掛，反亦如是，對方抓我下把，則以手推其下臂，對方抓我之胸把，則以手右左截打其手腕。以上皆是阻礙防守最普通之方法。

五、依對方之體態防守

依體態防守，即對方身高力大，宜採取低姿勢防守，取其鞏固不易跌倒。對方體力較遜，宜多用較高之防守，因較高之防守，既省氣力，又便於進攻。對方態

度緊張，則須嚴緊防守，因其行將攻擊。對方之態度鬆懈，則須從容應之，俾不致使氣力無謂消耗。

六、依對方之抓把防守

依抓把防守，即對方抓住得力之把，設法防止其攻擊之防守法。如對方以右上把抓把，左手抓我袖口，則以左下把抓對方，並將臂伸直，使不能進胯，反之亦同。如對方以左下把抓我，則須將右臂於其左臂之外側向下垂直，以防其進胯。如對方抓我右胸把，則須以右手抓其袖口，牽制其右臂之活動，並以左手伸向前下方，以防其足之前進及身體之轉變，此俱為抓把防守最普通之方法。

七、依對方之優點防守

對方長於左門者，則須將右足微向後放，左手伸向身前。對方長於用足者，則須多站馬步。長於上把者，防守之姿勢微高。長於下把者，防守之姿勢則須微低。長於拉法者則須以小步隨之。

以上皆是依優點防守方法中所須知者。

第三節　接敵的要訣（註1）

一、膽　大

膽量大小在接敵運動上約佔百分之七十以上，可見其重要之一班。俗語說：「膽子一大，神鬼都怕」，何

況人乎？又說：「膽子一小，毛手毛腳」。是謂膽寒也，膽氣一寒，氣必上浮，神必混淆。此先不戰自亂之相，焉得不敗？要訣在：「未見敵準備挨摔」。即「見敵如視草木」，「與敵接若鬥小兒」也。

二、心　細

膽大必須心細才行，心如不細，破綻百出。盡給敵人造機會，膽子再大也是無用。所以心細極為重要，心細處外可察人，內可顧己也。

三、鎮　靜

靜鎮者，較以上兩點更高一層之心理功夫也，靜之一訣，如鏡照物，來之則應，去之則定，任其千變萬幻，只守此順化之機而已矣。

四、量　敵

量敵者，測量敵人也。高則取其下，矮則取其上，任意而攻擊，力大從其借，力小防其巧，技高俟其機，技劣從吾而取之。

五、攻　敵

敵弱用猛攻，敵強用緩攻，技劣用硬攻，技高用柔攻，欲進用誘攻，擾敵用偽攻，攻法不盡此，變化在其中。

六、灑　脫

灑脫者，瀟灑而脫俗也，摔角雖係武人，要具文人君子之風。贏的光明，輸的磊落，勝者不驕，敗者不餒。如果勝了便洋洋得意，大吹法螺，輸了就死皮賴臉，鐵不認賬，這此都算不了是灑脫。

七、搶　把

姿勢低，兩足一後坐一前伸，後實前虛。雙掌護胸，名為子午樁，其行以後足為主，前足隨之，其力以前三後七為原則，現多採用，按此式乃基本練習法，必要時可變為正面騎馬式出之。

第四節　攻防時應有的修養

競賽的目的，在發揚國粹及鼓勵學者之努力，彼此觀摩使技術得以精進，惟爭勝之心，人皆有之，況在血氣方剛之青年，應以研究技術為主，對於勝敗之觀念，毋須過於重視，如此技術始能日有進步，茲就此點，特將摔角時應有修養，略述於後：

一、戒暴躁

摔角固須具有勇敢之精神，但不可流於暴躁，不暴躁則腦力可以保持沈靜，氣力可以減少消耗，神經不作無謂之緊張，況心地平靜，尤能避免對方之誘惑，而收慎觀對方動態之效。

二、戒粗猛

比賽不可專恃猛力，以防後力不濟，如遇對方以猛力攻擊時，尤應謹慎，以免「兩剛相傷」，宜待機蹈隙，利用「以柔克剛」、「借力攻力」之方法，此即兵法所謂「逢強智取」之意。

三、戒輕敵

摔角名家，到處皆是，初臨比賽，萬勿輕敵，無論對方身體如何弱小，精神如何萎靡，必須把步位站穩，謹以應之，因輕敵致敗，給與人之刺激更深。

四、戒奢望

比賽必勝之心理固須應有，惟不可奢望太高，奢望愈高，當失敗時，則失望愈大，能在失敗不頹唐，且知益加奮勉者，才有大造就。

五、戒表情

比賽攻擊時，勿使面部有表情，表情易為對方察知我之動靜，予對方以防守之準備，又面部表情，原基於神經，神經即呈緊張，則動作不免慌亂，自易趨於失敗。

六、重道德

體育場固為健身之地，同時亦為道德訓練場所，摔角時有時固以奇巧機智取勝，惟在普通情形之下，仍應

注意道德問題，藉以養成公正坦白，友愛忠誠等美德。

第五節　練習與比賽宜注意事項

　　練習、練習、不斷的練習是從事各種運動成功的唯一方法，比賽是運動員必經的途徑，亦是運動員表現的最佳時機，但在練習與比賽時各有其應注意的事項，摔角運動亦然，因此每個從事摔角運動的人，都必須留意，否則非但會影響成績，更會妨礙健康，以下分別說明：

一、練習應注意事項

　　摔角運動是一種很艱苦的運動，同時亦屬劇烈運動一種，因此在平時練習應特別警惕，必須遵循一定的順序練習才會產生好的成績，練習時應該注意的事很多，茲將其重要者列出：

（一）檢查身體

　　檢查身體是每個運動員必須做的一件事，尤其對一個初學摔角的人而言，更為重要，初學者必須事先接受檢查，認為正常後才可參加。

（二）飲食與睡眠

　　摔角是最劇烈的運動，一個摔角運動員所需要的營養，可以說比任何運動者都要豐富，因此飲食的配當應特別留意，至於究竟如何配當，因為缺乏科學的證據無法詳細說明，但下面的方式是可以作為參考的。此方式是江良規先生譯密勤博士運動生理學中述及：受過嚴格

訓練的選手，根據不同原則所規定的各種食物比例進食結果，成績的變化經觀察所得約有下列各點：

每日所進食，包托脂肪一五〇公分，醣七百公分，蛋白質一百公分，再加上足夠的礦物質與維生素的食譜，適合於長距離選手。

每日包托一百三十公分脂肪，四百公分醣與二百公分蛋白質的食譜，適合於速度選手。有一說：跳高、跳遠的運動員，要食用羊肉，負荷重物等，運動員要食豬肉、牛肉，摔角選手應屬後者。另外就是睡眠，唯有充足的睡眠才能使訓練成功，每日以八小時睡眠為宜。

（三）準備運動

運動時要求身體各部機能的協調，必須經過適當的調整，如事先早做準備，對於運動自必發生良好作用，在平時由於肌肉、韌帶、關節的活動範圍較小，故不作準備活動勢必會受傷，同時身體內部亦會受連帶傷害，因此在從事摔角運動之前必須要有充分的準備活動。摔角運動的準備活動最少要有二十分鐘的時間，如果在嚴寒的氣候下，可將時間延長。其活動項目以：體操、跑步、跳繩，以及專為摔角選手設計的護身倒法。

（四）整理運動

整理運動是在主運動之後，為了使體內的一七刀變化恢復原狀而做的活動，其目的有二：

（1）償還氣債：進行急運動時，因呼吸和循環系統供氧不夠，而欠的氧債要在整理運動中償還。例如以十一秒鐘跑完一百公尺，需要三十分鐘的時間，才能使呼吸正常，也就是還清氧債，如果不做整理運動，而聽

其自然的靜止下來，首先受影響是體內因酸性產物不能很快的排出而有偏酸的可能，結果對消除疲勞是有障礙的。

（２）消除疲勞：運動的結果，當從事運動的部位，必有積存著待運走的代謝產物，倘加以輕鬆的整理運動，就能很順利的完成這項任務，因為保持一定程度的循環，就可以保持肌肉的血流量，所以，對肌肉的新陳代謝作用有利，同時又幫助了運動部位的肌肉，從疲勞狀態恢復原狀。摔角運動的整理運動其方法有：抖帶、柔軟操及按摩。

二、比賽應注意事項

任何一項運動必須經過比賽階級，因為比賽不僅能提高興趣，同時更能促使成績進步，技術精進。摔角比賽應注意的事項很多，茲擇其重要者說明於後：

（一）成績測驗

摔角比賽在賽前一週，應舉行一次總測驗，此種測驗的目的不僅在瞭解自己成績的高低，最重要者乃在決定比賽技術活用，尤其對教練而言，此種測驗實為必須的工作，總測驗後除了適當的休息外，仍應做輕量的練習，以保持肌肉的彈性。

（二）體重調節

體重的調節對於摔角選手是非常重要的，一個訓練有素的運動員，可以隨時將其體重予以適當的調節，世界頂尖的摔角、柔道、舉重運動員，能夠在兩月中調換三個量級的體重，當然摔角成名的選手，其練習環境與

成績亦非普通人所能達到，但亦可做為吾人參考借鏡。對於一個初學摔角者，下面體重調節法是比較可行的：

（1）體重減輕法：減輕體重的方法在沒有得到更進一步的科學方法之前，以下幾種是可採用的，第一是加大運動量（跑步或跳繩等為適宜），第二是節制飲食（少吃有脂肪的食物，少飲水與太多的鹽份及醣類），第三是蒸氣浴。

（2）體重增加法：生活正常，多食脂肪與高熱量醣類食物可使體重增加，進餐時加多，但兩餐之間進食逾量的脂肪因不易消化之故，可能影響食慾，因此脂肪的增服，應當適宜調製，總之要使胃口好方為上策。

另外睡眠時應加多，午睡對於體重是有幫助的，其次悅目的環境與平和的心理狀態，亦屬增加體重不可缺少的條件。

三、適當的休養

在比賽時因為大家都是積極的爭取勝利，激烈的競爭消耗體力最大，故在比賽前三天內要適當的休養，養精蓄銳切勿再激烈練習，如此在比賽時才能創出佳績，但休息並非整天躺在床上睡眠，輕量的活動仍是需要的，可以做些輕負荷的基本技術以熟習機巧，並保持身體的靈活與彈性。

四、臨場心理

在比賽時臨場的心理很重要，既不可患得患失，更不可有先入為主的觀念，認為何者強，何者弱，因為有

了這樣的心理，你的成績一定不會好，甚至會一敗塗地。比賽時應該抱一種對強者不懼，對弱者不輕心的態度，全力以赴爭取良好的成績。

附　註：

註1：王鳳亭著，練習摔角，大漢武術社主編，華聯出版社出版，民國57年1月，台北市，55-56頁。

參考書籍

一、佟忠義著，中國摔角法，華聯出版社印。民國57年7月，台北市。

二、常東昇著，摔角學，中央警官學校印。民國58年9月，台北市。

三、胡繩武著，中國摔角與日本柔道的比較研究，樺文公司印。民國63年2月28日，台北縣新莊。

四、王鳳亭著，練習摔角，華聯出版社印。民國57年1月，台北市。

五、黃武雄著，柔道學理研究，健行文化事業有限公司印。民國67年4月。

六、翁啟修著，摔角規則之研究，政戰學校復興崗學報第十六期刊登。民國65年6月，台北市北投。

七、鄭煥韜著，運動裁判法，政戰學校印。民國61年2月，台北市北投。

八、董正鈞著，國術教材，台省國術會印。民國41年7月，台北市。

九、台北市角力委員會編著，國際角力規則，台北市角委會印。民國 66 年 1 月 1 日，台北市。

十、馬良著，新武術摔角術，華聯出版社印。民國 57 年 5 月，台北市。

十一、吳文忠著，中國武術原民演變考序（簡表）——摔角之部。民國 68 年 7 月，台北市師大研究所。

十二、郭慎編著，中華民族武藝——中國摔角術之研究。民國 73 年 1 月，台北市。

十三、周士彬、聶宜新編著，摔角技法與摔角史料，上海學林出版。2001 年 5 月。

十四、王德英編著，怎樣練習摔角，人民體育出版社出版，1977 年 3 月，北京市。

十五、北京體育科學學會組織編寫，教練訓練指南，文史哲出版社發行，民國 83 年 6 月，台北市。

附　錄
參加 2003 年北京延慶中國式摔角
國際邀請賽記實

中華台北摔角代表隊隨隊裁判・郭　愼

前　言

　　在深愛中國式摔角的國際人士與中國國內、海外暨台灣全力持續推動中國式摔角的炎黃子孫們，翹首殷切期盼下，這項世界上起源最早，歷史悠久、文化價值高的武術運動。終於在中國中央政府所屬國家體育總局、重競技運動管理中心、中國摔角協會與地方政府（北京市體育局、延慶縣政府）及北京京華尋夢人文化交流發展有限責任公司、關心支持中國式摔角的企業（內蒙古伊利集團、上海聖雪絨國際企業）、新聞界、社會各界人士的領導、支持下慎重的在隆冬嚴寒、冰雪飛舞中跨開大步走向世界！深信在中國各級政府周詳的策劃與卓越的領導下，匯集世界上所有愛好中國式摔角的人士同心、合力！肯定會使中國式摔角運動逐步進入奧林匹克壇殿。此次赴北京參與國際邀請賽感觸良多！所應向我摔角界同仁報告的事情也不少，因近來身體不適，茲簡

要敘述如下：

一、 組隊集訓

2002 年 11 月中旬，中華台北摔角協會接獲中國大陸摔角協會寄來的邀請賽正式通告，並於 12 月 12 日至 16 日在屏東縣仁愛國小暨明正國中舉辦的年度 A 級教練講習會與中正盃摔角錦標賽常務理監事會中，由蘇副理事長成正式報告，經曾理事長永權裁示組隊參加。但因時間緊迫，無法舉辦正式選拔賽！後經蘇副理事長成與林秘書長奉文協商擇優選調選手自費參賽，筆者推薦學生五人，也因無正式公文，兩人無法請假。僅由三位獲得單位及家長同意。同時徵調教練，觀察員三人，領隊由蘇副理事長成擔任，筆者為隨隊裁判（均為自費參加，如名單）：

編　　號	中文姓名	職　　位
01	蘇　成	領隊
02	郭　慎	裁判
03	黃清政	教練
04	常達偉	教練
05	郭哲銘	選手
06	邱志瑤	選手
07	陳逸祥	選手
08	鄭秀鐸	觀察員
09	黃正發	觀察員
10	許月蛟	觀察員

赴賽的時間雖然倉促，但集訓工作必須進行！集訓在中國文化大學柔道館，共訓練五次十五個小時。當然效果有限，僅能在心理建設上、實戰常識方面提供一些建議。體能與技術方面無法提升。好在我們去參賽的目的，僅在觀摩與結識新的摔角界同好而已。

筆者此次會見了曾在民國七十四年（1985）一塊在法國巴黎市參加國際角力總會舉辦的，角力教練講習會時的中國角力協會國際角力教練王忠義先生。他現在高升為中國國家摔角協會技術委員，火車頭體工隊隊長。此次邀請賽他是中國代表隊的領隊。另一位也是中國摔角界的高級教練薄建偉先生，他是筆者民國八十二年在韓國亞洲角力錦標賽會結識的同鄉（山西省人）。現在是山西省政協委員、山西省摔角、柔道、跆拳道運動管理中心主任、山西省國際摔角協會與柔道協會主席。能與兩位實際負責推動中國摔角的領導人相會，對我中華台北摔角協會與大陸摔角界交流切磋技術有一定作用。

二、理事長授旗、踏上征途

2003 年 1 月 12 日下午二時假立法院第 8 會議室，由曾理事長永權親蒞致詞訓勉並授旗（如照片）。會中關心摔角運動發展的朱鳳芝委員亦致詞給予鼓勵。邀請賽規定的與賽日期是：1 月 15 日到達，16 日技術會議與選手秤量體重，抽籤編組。17、18 兩天正式比賽，19 日離會。（附日程安排表）如下：

日程安排（PROGRAM）

DATE 日　期	MORNING 上　午	AFTERNOON 下　午	EVENING 晚上
January 14 Tuesday 1 月 14 日星期二	Registration of Referees 裁判員全天報到		
January 15 Wednesday 1 月 15 日星期三	Team Arrival & Registration 各隊全天報到		
January 16 Thursday 1 月 16 日星期四	Training & Sightseeing 訓練 & 觀光	15:00－16:30 Organizing Committee Meeting 組委會 Technical Meeting & Draw 技術會議 & 抽籤	17:00－18:30 Weigh-in 稱體重 19:30 Welcome Banquet 歡迎宴會
January 17 Friday 1 月 17 日星期五	09:00－12:00 Competition 比賽	14:00－16:00 Competition 比賽	18:45 Opening Caremony 開幕式 19:30 Competition 比賽
January 18 Saturday 1 月 18 日星期六	09:00－12:00 Competition 比賽	14:00－16:00 Competition 比賽	18:30 Farewell Party 歡送宴會
January 19 Sunday 1 月 19 日星期日	Departure 離會		

太極跤③　中國式摔角

中華民國摔角協會　曾永權　理事長　授旗

(一)競賽級別

量　　　級	男子組級別	女子組級別
0 1	48 公 斤	54 公 斤
0 2	52 公 斤	63 公 斤
0 3	57 公 斤	74 公 斤
0 4	62 公 斤	74 公 斤 公 斤
0 5	68 公 斤	
0 6	74 公 斤	
0 7	82 公 斤	
0 8	90 公 斤	
0 9	100 公 斤	
1 0	100 公 斤 以 上	

(二)參加辦法

1.每個國家／地區限派一隊。每隊可報男子 10 人（每級別不得超過 2 人）；女子 4 人（每級別不得超過 2 人）。西班牙、法國、義大利、中華台北、美國和中國可報 2 隊。

2.每隊限報領隊 1 人、教練 2 人、隨隊裁判 1 人。

(三)競賽辦法

1.每場比賽分三局，勝兩局者獲該場比賽勝利。每局 2 分鐘，局間休息 30 秒，每局得分多者獲勝。

2.6 人（含 6 人）以上運動員的級別採取雙敗淘汰制。5 人（含 5 人）以下採取單循環制。

3.單循環時每場比賽結束後，勝者得 2 分、負者 0 分，對方棄權時得 2 分、棄權方 0 分。

4.比賽前一天秤量體重，同時抽籤。

5.運動員自帶摔角衣（紅、藍兩色），摔角衣袖口與胳膊的距離應有 10 至 15 公分。

6.禁止使用違禁藥品。

(四)錄取及獎勵方法

1.個人前三名分別獎金、銀、銅牌。

2.個人前八名頒發證書。

3.團前六名頒發獎盃。

4.團體名次的排列將根據各級別前八名運動員所獲名次分（9、7、6、5、4、3、2、1）計算，如名次分相同，則根據各隊所獲金、銀、銅牌數量排列名次。另有一條屬於報名與報到方面；運動員必須身體健康，並提前處理好人身意外保險，比賽期間傷害一切自理。

依據大會秩序冊所戴參賽國家與地區代表隊，男子為 16 隊、女子為 6 隊共 22 隊。但因各代表隊人數不同，總體運動員為 115 位。經過 17、18 日兩天近 24 小時的密集賽程與開、閉幕典禮共產生男女混合總成績六名、男子個人成績八名，女子因各隊報名人數少，四個量級均未達到八名。

中華台北僅參加男子組 68 公斤兩人與 74 公斤一人，計 68 公斤郭哲銘獲得第四名、陳逸祥第七名、74 公斤邱志瑤越級參賽獲得第七名。成績雖不理想，但三位選手均進入前八名亦難能可貴！尤其郭哲銘選手在患感冒的情況中仍能獲得第四名，實出乎意料。附團體與男子個人成績如下：

SHUAIJIAO COMPETITION TEAM TOTAL SCORE
中國式摔角比賽團體總分表

	48 KG	52 KG	57 KG	62 KG	68 KG	74 KG	82 KG	90 KG	100 KG	100+ KG	女 54 KG	女 63 KG	女 74 KG	女 74+ KG	TOTAL SCORE 總分	PLACE
HKG 中國香港				9/1	6	5	7/2				9	7	7	9/5	67	2
ESP A 西班牙A隊					7	4	2	3							16	
ESP B 西班牙B隊						4	5/1	5	4						19	
FRA A 法國A隊		6	4	5/2	7	9	4/3	6	3						49	4
FRA B 法國B隊							3		7						10	
TPE A 中華台北A隊				5/2	2										9	
TPE B 中華台北B隊																
KOR 韓國				3				6		2					11	
ITA A 義大利A隊				4							4	6			14	
ITA B 義大利B隊				1	3										4	
CHN 中國	9	9	7	7		7	6	9	9	5	4	7	9	9	97	1
CHN UNI 中國大學生	7	7	6	3	9/4	1					5/3		6	6	57	3
USA A 美國A隊			9	6			6		2	7/5	6				41	5
USA B 美國B隊								1							1	
MGL 蒙古			5					7	9	9/6					36	
CAN 加拿大																

SHUAIJIAO SCORE（MALE）
中國式摔角成績表（男子組）

太極跤③ 中國式摔角

	FIRST 第一名	SECOND 第二名	THIRD 第三名	FORTH 第四名
48kg	WANG ZHENG （CHN） 王峰（中國）	CAI HAISHENG （CHN UNI） 蔡海生 （中國大學生）		
52kg	LI WEILIN （CHN） 李衛林（中國）	GUO KUO （CHN UNI） 郭闊 （中國大學生）	FAM TIMOTHEE （FRA） 凡・提蒙弟 （法國）	
57kg	DING JI HUA （USA） 丁繼華 （美國）	ZHAO GUANG FENDG （CHN） 趙廣峰 （中國）	BAI YIN BA TU （CHN UNI） 白因巴圖 （中國大學生）	NARANGEREL （MGL） 那讓格瑞 （蒙古）
62kg	HUI YOU TIN （HKG） 徐友田 （中國香港）	MA AIWEI （CHN） 馬愛偉 （中國）	ALANLEE （USA） 李榮基 （美國）	MARIU MARC （FRA） 馬爾斯・馬克 （法國）
68kg	GAO YU （CHN UNI） 高宇 （中國大學生）	BRELLEFRANCOIS （FRA） 布瑞里・佛朗可斯 （法國）	LANG LIJUN （HKG） 郎力軍 （中國香港）	GUO ZHEMING （TPE） 郭哲銘 （中華台北）
74kg	GENTILEDOMENICO （FRA） 詹泰勒・多米尼柯 （法國）	EMILIO GUIRADO （ESP） 艾米里奧 （西班牙）	WANG HAIPING （CHN） 王海平 （中國）	CAO CHUNLIN （HKG） 曹春林 （中國香港）
82kg	SU YILATU （CHN） 蘇乙拉圖 （中國）	MA DAIPEN （HKG） 馬大鵬 （中國香港）	JAN-YU WENG （USA） 翁禎興 （美國）	SERGIO MORATA （ESP） 瑟蓋歐・莫若塔 （西班牙）
90kg	SAI YINBAYAER （CHN） 賽音巴雅爾 （中國）	SHIJIR BOLD （MGL） 什吉包得 （蒙古）	LEEJUNHYUN （KOR） 李俊賢 （韓國）	BENJAMIN GONZACEZ （ESP） 本杰明・綱撒立滋 （西班牙）
100kg	ERKHEMBAYAR （MGL） 艾可禾巴亞 （蒙古）	FIGUIN EMMANUEL （FRA） 費恩・伊曼紐爾 （法國）	CERDANEMMANUEL （FRA） 柯丹・艾曼紐爾 （法國）	NIE JUNI ONG （CHN） 聶俊龍 （中國）
+100kg	DORZSAMBUU （MGL） 道茲撒布 （蒙古）	JOHN HERVIN JR （USA） 約翰・厄文 （美國）	ALTANSUKII （MGL） 阿拉騰蘇和 （蒙古）	IMMANUEL ROBISSON （USA） 伊曼紐爾・羅賓遜 （美國）

	FIFTH 第五名	SIXTH 第六名	SEVENTH 第七名	EIGHTH 第八名
48kg				
52kg				
57kg	DAVOLI MICHAEL （FRA） 達沃里・邁克爾 （法國）			
62kg	DANESI STEFANO （ITA） 丹尼斯・斯庭法諾 （義大利）	QIAN FEI （CHN UNI） 錢 飛 （中國大學生）	FAM REMY （FRA） 凡・瑞米 （法國）	YAN SHAOQIANG （HKG） 嚴少強 （中國香港）
68kg	FENG GANG （CHN UNI） 馮 剛 （中國大學生）	KIM SANGJIN （KOR） 金湘鎮 （韓國）	CHENI-HSIANG （TPE） 陳逸祥 （中華台北）	MIELI VALERIO （ITA） 梅里・瓦里若 （義大利）
74kg	EDUARDO VAZQUEZ （ESP） 艾丟阿都・瓦茲克茲 （西班牙）	PASCIULLI ALESSIO （ITA） 巴樹力・阿萊西歐 （義大利）	CHIUCHHHIYAO （TPE） 邱志瑤 （中華台北）	WANG XUAN （CHN UNI） 王 （中國大學生）
82kg	LEO COLAO （ESP） 里奧・可拉奧	NICE AIME （FRA） 尼斯・艾米 （法國二隊）	SHEN YUKANG （HKG） 沈裕康 （中國香港）	DANI CASTILIO （ESP） 丹尼・卡司特羅 （西班牙）
90kg	SAGNA ABDOU （FRA） 賽哥那・可拉奧 （法國）	MATHEU FRANCOIS （FRA） 馬第歐・弗朗克司 （法國）	VICTOR LOPEZ （ESP） 維可多・洛佩茲 （西班牙）	LIN JIAPENG （USA） 林嘉鵬 （美國）
100kg	SERGI RUBAL （ESP） 瑟蓋・入巴爾 （西班牙）	OSCAR CORREA （ESP） 奧司卡・可瑞 （西班牙）	JANMES MICHAEL （USA） 詹姆斯・邁克 （美國）	
+100kg	MI SUYILA （CHN） 米蘇乙拉 （中國）	EPIFANI GABRIEL （FRA） 艾皮法尼・格布瑞爾 （法國）		

附
錄

結論與建議

一、中國舉行史無前例的大型中國式摔角國際邀請賽，對所有喜愛中國式摔角這項武術運動的中、外同好可說是打了一劑強心針。對中國政府的領導階層而言，也真正體會出所謂「牆裡開花，裡外皆香」的真意。即時抓住契機，立即搞定此次的國際邀請賽，讓所有愛好者共聚一堂，共同分享中國式摔角帶予大家的喜悅。同時也免除了將來這項歷史悠久、文化價值高的武術運動，被外人改頭換面後的那種所謂「禮失諸野而求諸野」的窘境。事實證明此次參賽國家、地區較之1964年日本東京舉行奧運會時由中國摔角、摔拿演變而成的柔道正式列為錦標項目。但僅有五個國家參賽，可說風光多多。也證明中國式摔角較之日本柔道更受世人歡迎。

二、競賽為任何一種運動推展必經之過程。舉行國際性的競賽，更能助長發展！而能成為競賽大會的參與者，更俱有歷史意義。雖然參與此次競賽有諸多不便，但曾理事長永權還是做出明智的決定，我們也圓滿的完成了這次的任務。中國大陸能在2008年奧運會之前舉行中國式摔角此項武術運動，除了順應中、外深愛中國式摔角同好以武會友之外，也凸顯了我中華民族優良的文化，親身體會與會者熱烈的參賽情景，深信中國式摔角不久的將來會成為時代的潮流。

三、中國式摔角在中華民國自38年中央政府播遷寶島後一直在推展，先是省運會，繼之是區運會，現今更

發展成為全民運動會的錦標項目。較之中國大陸以往只重視國際奧會的項目而中斷了中國式摔角在其全國運動會的發展，可說是非常幸運。如今中國式摔角已被推向國際，我摔角界同仁、摔角協會及行政院體委會應如何因應，將值得吾人深思。

我國國民體育法不論是民國十八年國民政府公佈的，民國三十年、七十一年以及歷次修正的也好，都再再強調對我固有之優良體育活動，應加以倡導及推廣，使全國國民具有自衛衛國之能力為目的。王寒生所著『中國武道道統概要』文中稱：「中國的角觝發展為拳術，視為中國武術『萬拳之母』」。而樊正治先在其所著『論角觝為國術之原』一文中，自名詞演變，動作分析，拳術的特徵，遊戲學理及現象中，討論中國角觝與拳術之間的關係與淵源中，證明中國古代角觝為國術之源。事實上，中國摔角此項武術運動的價值較之任何拳術有過之而無不及。武術家常言「三年的拳，敵不過當年的角」就是一個最好的明證。今後必須全力推動，目前應有的作為：

第一、先在摔角規則上與中國大陸能接軌：此次筆者應聘擔任裁判，雖然海峽兩岸摔角規則不盡相同，各有其優點與缺失。但在執法時仍能很快進入情況，使擔任裁判任務順利進行。只要雙方稍加協商、互補缺失、執善而行，則會使摔角規則更完美。日後雙方交流時，更能彰顯中國摔角精湛的技藝。

第二、促進交流，加強合作：技術的提升，必須靠切磋琢磨！中國大陸既然大張旗鼓的向國際體壇推展中

國式摔角，此項武術運動，相信不久的將來一定會成為國際體壇的競賽項目。這是一項最適合我們中國人的項目。我們應及早與大陸交流以提升技藝，使我們在中國式摔角競爭上出人頭地。當然負責全國摔角武術運動的協會更應早日擬訂出週詳的發展計劃，為刻不容緩之事。

第三、等、階制度的建立：等、階制度的建立不但是促使摔角參與者的興趣與誘引，也是技術與實力的提升。等、階制度早在首任理事長翁春興與首任秘書長張光明時，即曾研討並擬訂草案，更在民國七十七年十一月十九日下午三時，在彰化市民生路 49 號之 1（敘園餐廳），召開第一次第、階制度建立暨比賽規則修訂會議。而後在北部地區也辦理過升「等」評審會，但評審委員的組成與委員會的資格是否合法，委員資格必須由中華民國摔角協會據法賦予才能認定，任何個人雖然有足夠聲望均不能以個人身份授予「等、階」位階，當然評審升等的結果亦不能成立。事實上世界摔角協會曾依據各人對摔角的貢獻與參與各層級比賽的成績以及擔任教練、裁判的事證分別授予各種不同的摔角「等」與世界摔角協會的職務，且每人均繳付新台幣五仟元做為審查費與製作升「等」證書，祇是沒有發予與證書相符的腰帶。此項業務乃由世界摔角協會第一副會長蘇成先生辦理。為今之計，祇需將世界摔角協會授予「等」的同仁，再由我全國摔角協會分別授予俱有中華民國摔角協會證書與相等的腰帶即可。然後重組等、階審查委員會。如認為上述辦法欠當難行，應從新擬妥辦法產生合格委員與合法委員會，以利摔角武術運動之正常發展。

第四、編撰統一的摔角教材：教材為五大教學要素中最重要的部份。如編撰得當，運用適當，不只可以增加學者學習的興趣，迅速的提升技術，更可以順利的達到推行摔角的效果，至於統一教材方面，首先應將在台灣地區實施的不同摔角方式如憲兵學校所推行的南京中央國術館所編撰的摔角教材與常大師所倡導的保定快角教材，合編在一塊，再擇取中國大陸各地區摔角不同而技術精湛的動作，如山西省的抱腿摔等一併融納，當然在編撰時要化繁為簡，每類技術只選擇兩、參種即可，學者學習相當時日後，經不斷的切磋磨練，定期的參與比賽，自能推陳出新，發展出新的技術。

　　第五、和衷共濟，全力發展：摔角自民國六十七年台北市首創立委員會後，在大家共同努力之下，又成立了全國摔角協會，到現今經歷二十多年了。此期間雖然沒有較凸出的成就，但同仁們都能在自己的崗位上為推展摔角運動而默默的奉獻，才能使摔角運動綿延、傳承。但新生一代的成長卻令人擔心，當然原因眾多，而最重要的是我輩摔角同仁一定要和衷共濟、全力發展這項寶貴的技藝，任何阻礙、困難……都要克服。尤其同仁之間，師兄、弟間難免有些許過失，但大家同仁、兄、弟都是瑕瑜互見，我們必須要予以包容、鼓勵。我們都已是知命、耳順與古稀之齡，還有多少年來推展摔角運動？如果摔角運動斷送在我們這一代，如何對的起我們師長?!2003 年中國北京摔角邀請賽給我們一個思考的機會，也是我們邁開大步的關鍵，盼望我們團結起來！

太極蹻③　中國式摔角

附　錄
爲中國主辦 2008 年奧運會進言

郭　愼

前　言

近代奧林匹克運動會自 1896 年始至 2000 年，已舉辦過二十六屆（第六屆、第十二屆、第十三屆因一、二次世界大戰而中止），而中國自第十屆（1932 年）起迄今已參加過十五屆，中國健兒們由沒沒無名至第二十六屆雪梨奧運會，成績突飛猛進而進入世界運動強國前三名，而海峽這邊的中華台北運動健兒們亦早在 1960 年羅馬奧運會中嶄露頭角（楊傳廣獲田徑賽十項亞軍），但主辦奧運會的權利與機會，始終由於西方國家的意識形態作崇摒棄、否定。但掀起一、二次世界大戰的德國、日本及人數僅四千餘萬的南韓，卻分別在 1936、1964、1972、1988 年主辦過奧運會，此事實令人費解，如今在千辛萬古歷經無數波折後，中國終於獲得主辦 2008 年奧運會的機會，這不但是中國的光榮，更是海內、外所有炎黃子孫的榮耀，深切的相信在中國奧林匹克委員會擘劃，政府與人民的全力支援下，2008 年由中國主辦的奧運會，肯定會搞出較 2000 雪梨奧運會更完美的成果。

在奧運會競賽中獲得好成績，固可留給後人懷念、效法，但總有一種船過水無痕的感覺，主辦奧運會的真正意義，在中國這樣一個古老文明的大國而言，非僅限於搞出傲視世界列強的好成績而已，應該是藉主辦奧運會的發展與中國這個地大、物博、人口多的國家休戚相關。一九九五年十二月中華台北大專院校體育總會曾舉辦一邁向二十一世紀中華台北體育發展策略研討會，在該次會議曾邀請中華台北國際奧委會委員吳經國先生專題演講——看二十一世紀國際體育運動的發展。在此一專題中吳經國委員特別提及，今後國際奧林匹克運會發展的方向有下幾點：

（一）運動項目的取捨，將以電視轉播收視率為主，也就是說那個項目觀賞的人多，就能生存，反之則逐漸淘汰。

（二）全民運動的發展，今後奧委會與世界衛生組織共同參與，重點是全民健康和運動的密切關係。

（三）國際體育運動的發展會與聯合國建立更密切的關係，也就是指所有未來要申請加入國際奧委會的國家、地區的奧委會，必須是聯合國的會員國。

（四）每個國家、地區的奧委會都要成立運動員委員會，此主旨是國際奧委會，肯定運動員是整個奧運會比賽舞台上的重要主角，他們應該分別在國家運動組織中暨奧委會中，能有他們的聲音。

（五）女性運動員應有保障名額（在國家運動組織及奧委會中）。

（六）五大洲輪流主辦奧林匹克運動會。

以上有關今後奧運會朝向運動競賽項目，將以電視轉播收視率多寡決定取捨的趨勢下，中國將是今後奧林匹克運動會的主導者，因為我中華民族從黃帝伊始迄今已歷五千年，各朝代對於運動、武術方面均有建樹，而五十六個民族由於地理、環境、生活、習慣的迥異，各民族的體育運動、武術項目可說是內容豐富，多樣化，如果加以整理（分析、統計、綜合）各朝代，各民族不同的體育運動項目。筆者初估最少應有兩百種以上，這些不同的運動項目，加以研究、整合、建立理論體系，精進技術層級，規劃場地設施與器材，製訂規則、編撰教材、研訂科學的教學方法，加以有計劃的推展，如此不但對我中華各民族同胞的身、心有絕對的益處，對世界各個國家、地區人民肯定都會產生積極功效，中國歷代各民族的運動項目如：摔角（中國式）、射箭、御、體操、蹴踘、投壺、弄丸、捶丸、投石、超距、扛頂、馬球、跳繩、登高、拔河、風箏、龍舟、國術（拳術、器械）、水上運動項目，冰、雪運動項目，鞦韆、舞蹈等可說不甚枚舉，以及近年來中國體育武術當局所精心規劃在亞洲錦標，亞會運、世界錦標賽推行的武術套路、武術散打等項目，無論在價值方面，觀賞性方面，決不遜於近代奧林匹克運動會推行已逾一百零四年的眾多錦標項目。茲將本論文具體進言列述於後：

一、選擇中國固有的運動項目進入奧運會

中國北京市已經獲得國際奧會委員們的肯定，在2008 年承辦第二十八屆奧林匹克運動會，首先慎重考慮

與積極規劃爭取的一項重大任務，就是選擇真正能彰顯代表我中華民族的體育運動項目，進入奧林匹克運動大會中（根據國際奧委會一九九三年秋公告決定，從 2000 年開始，主辦奧運會的國家城市，有權增加比賽項目，當然先要得到國際奧委會的批准），依據此一公告，中國在主辦 2008 奧運會時提出新增競賽項目是合法的、正當的。究竟應該選擇何種運動項目進入 2008 年或以後的奧運會，筆者建議應將我中華民族最悠久的中國式摔角列為優先，其具體理由如下：

(一) 在價值方面

中國式摔角有多重價值、除了促進身體健康，培養勤敏耐勞之外，正如中國武術大家周彬教授所說：「摔角是項高尚的體育運動，它集體育與競技、修身與養性、健身與防身、品德教育於一體，講究武德與尚武精神，禮節與禮義廉恥。」尤其在自衛防身制服歹徒方面，較其他武術適用性強，中國武術界常講的一句諺語：「三年拳、不如當年的角。」由此可證明中國式摔角的功能，中國式摔角是智、技、力的運動，在施術時必須運用生物力學原理如：重心、平衡、慣性定律、槓桿原理、力偶、速度、合力以及創造機會、把握機會、施用在防身自衛方面，其威力強，效果大。

(二) 場地設備器材簡單

中國摔角運動，早期在華北各省民間盛行，每年在春、夏、秋季期間，在鄉村地方均有摔角訓練、比賽。特別是在秋收後的休閒時段，愛好摔角運動者，將農田地犁鬆，整平後就是摔角場地（記得常大師在世時，經

常應邀赴各地示範摔角，在示範的地方都是地板或磨石子地，我等學生均在上述地板與石子池上表演），而更重要的是不穿摔角衣同樣可以練習，筆者幼年時學習摔角，很少穿摔角衣，因此四十多年來無論在社團以及學校教授學生，通常都不穿摔角衣訓練，而這些學生每年參加各種不同性質的摔角比賽均能獲得優異的成績，當然如此教學法也是考慮到摔角的實用性，讓學者在平時訓練中，就體會到不穿摔角衣的摔法，一旦遭遇突發情況，自然就會得心應手的發揮摔角的功效。以目前角力、柔道訓練與比賽用的場地、設備、器材，中國摔角是最簡單、最經濟的，當然在推展方面而言是有其方便性。

(三)中國摔角觀賞性高、實用性強

所謂觀賞性高，就是指可看性高。運動比賽引不起觀眾的興趣主要原因是有看沒有懂，運動項目能吸引更多的觀眾，當然是技術精湛、新奇、多變化，能看的懂，甚至於能一目了然，能吸引眾多的項目，就是那些觀眾能看的懂，甚至能道出其中要訣的運動項目，而中國摔角除了動作優美、技術精湛，攻、防技術繁多，所使用的技術乾脆俐落，沒有角力與柔道在地面纏鬥的情景，觀眾對雙方摔角運動員所用各種技術，勝負一目了然，也正因為摔角運動比賽比較容易了解，因此不但在中國民間歷經數千年不衰，在台灣這個小小的地方，中國摔角數十年來一直是台灣省、區運動會的重要錦標項目。

1983 年常東昇大師遠赴美國傳授中國摔角，在俄亥

俄州率眾多弟子成立了「世界摔角總會」，並被推崇為會長，由於大師熱心推展，率弟子到處表演摔角深受歡迎，因而自俄亥俄州世界摔角總會成立之後，德州、加州等地也陸續成立了分會，影響所及繼之加拿大、墨西哥、西德、瑞典、法國、義大利也先後設立了中國摔角分會，常東昇大師生前更應摩洛哥國王——海珊之邀，在摩洛哥表演中國摔角，並在御前當場以摔角高矮速動及抹脖踢兩次將海珊國王柔道四段貼身侍衛摔倒。使得海珊國王大為驚訝，立即贈送寶劍一把，以示「寶劍贈英雄」的敬意。

1987 年袁祖謀先生在法國巴黎宣傳推廣中國摔角，帶領學生四處表演，巴黎電視台在黃金時段播報，吸引法人學習中國摔角已越萬人，而巴黎市長杯中國式摔角錦標賽兩年舉辦一次，多年來一直延續。

2002 年中國式摔角前輩周士彬教授出版了摔角技法與摔角史料，這本集中國摔角精華的巨著重要的就是告訴我們古老的中國摔角文化，是我中華武術寶庫中的瑰寶，我們必須發揚下去。

以上所述除了證明中國摔角觀賞性高，實用強的優點也符合了二十一世紀奧林匹克運動會行銷觀。而更重要的摔角是我中華文化資產必須傳承。

中國式摔角，其技術的特點是：一觸即摔、沾手即跌，在與敵人或對手一旦接體，手一搭上就立即使用技術攻擊對手，不同於柔道與角力的互抓、互抱時才展開進攻，因此種技術快速、機巧，因而被稱之為「中國快角」，中國摔角輕視蠻力，重視技術的運用，確實掌握

了摔的精髓。前文中曾提及「中國式摔角」不拘泥於場地：地板、土地、洋灰地、磨石子地等均為練習場地。可穿摔角衣、也可著任何衣服，或不穿衣均可發揮摔角的技術。其次在中國各種拳法中均有摔角技術動作。「中國式摔角」其實用性，可證諸目前風行於國際武術壇殿的各種格鬥比賽如：中國散打王、爭霸戰的散打、KI格鬥、格雷斯柔術，以及震撼力最強的——終極格鬥冠軍賽（參賽者不分體重、不著拳套、不用護具，除禁止牙咬和摳眼外，任何招式均可用，勝負取決於負方倒地不起和認輸為止。沒有時間限制），以上這些目前在國際武壇盛行的格鬥術中均以摔倒對手為第一要務，而且有些比賽因摔而勝負立分，如果那些獲勝者能學會中國式摔法，威力將更強。

綜觀以上分析說明，中國式摔角、技術精湛，實用性威力強力。且在平日訓練時摔角場地設備，以及使用器材非常簡單，可以說是隨處可練習，其次運動比賽時，規則簡明、嚴謹、觀賞性高。安全性又凌駕希臘角力、日本柔道之上。更重要的是運動比賽中，真正能彰顯出我中華泱泱大國以武會友的文明氣概！因為中國式摔角沒有像希臘角力競賽時，為了壓制對方雙肩著墊時，雙方選手那種野蠻纏鬥的行為。更沒有日本柔道在比賽時，使用關節法、勒頸法的殘忍感，是完全符合人性的比賽，此種合乎西方運動精神與我中華大國的君子之爭的中國式摔角，的確是所有格鬥運動中，最符合奧林匹克運動會精神的，俱備如此眾多的優良條件的中國式摔角，進入奧林匹克運動會是理所當然的，中國式摔

角一旦進入奧林匹克運動會，我們深信一定會受到全世界各國觀眾的歡迎。

二、中國摔角優於希臘角力與日本柔道

中國摔角，希臘角力與日本柔道性質相近，動作類似可作比較研究：

(一)中國摔角與希臘角力的比較

起源於希臘的角力，在古希臘時代，即被列為古代奧林匹克運動會中的最重要的錦標項目。而且亦是希臘人五項運動比賽中主要項目（1.賽跑：短距離、中距離、長距離與武裝跑步。2.跳躍：跳高、跳遠。3.擲槍。4.擲餅。5.角力。）參與五項運動的競爭者，唯有獲得角力勝利者（冠軍）才能成為真正的冠軍。角力運動最初是所謂古典式亦稱希臘式，比賽開始時採地面跪姿式，之後又衍生出自由式角力，比賽開始時採用選手直立式。有關中國摔角與希臘角力的起源，可說歷史相距很遠，中國摔角是黃帝時代的產物，而希臘角力則相同於我中國之秦漢時代，此一事實可證諸中、外歷史，而孫中山先生的自傳中兩段話即可證明：

其一：「中國的文化比歐洲早幾千年，歐洲文化最好的時代是希臘，羅馬，其實到了羅馬才最盛，而羅馬不過與中國漢朝同時。」其二：「亞洲是最古老文化的發祥地，幾千年前，我們亞洲便已得到了很高的文化。就是歐洲最古老的像希臘，羅馬那些西方古老的文化，都是從亞洲傳過去的。」而以上所指文化，當然包括了體育、運動、武術等。

其次在技術、規則、安全方面比較：角力分古典與自由式。古典式角力，可以說是毫無技術可言，因為規則中有很多不合理的制約限制，即以古典式規劃的第六十一條特別禁止事項規定（1998 年至 2000 年規則）：「希羅式角力比賽中，禁止去抓、拿對手臀部以下之部位，或用腿、腳緊夾對手，所有推、壓、擠、舉與抬藉由腿、腳作用於對手身體之任何部位都嚴格禁止。」簡而言之，即希羅式角力比賽時，不准用手、腿、腳去進攻對手腰以下的肢體，甚至亦不可用手、腿、腳去防禦對方之攻擊，只准用手抱、抓雙方腰以上的部位，很顯然的此種角力比賽完全是蠻力的競爭，根本談不到所謂摔的技術，此可證諸公元 2000 年澳洲雪梨第二十七屆奧林匹克運動會，古典式角力比賽，連續獲三屆奧運古典式金牌，九屆世界盃古典式金牌，十二屆歐洲盃古典式金牌的俄國巨無霸選手——卡瑞林在一百三十公斤級冠亞軍比賽中輸給名不見經傳，初次參加奧運會的美國選手——賈德納。主要原因是卡瑞林選手年老力衰之故。如果古典式角力有很多的技術，相信以卡瑞林曾獲得那麼多金牌，初出茅廬的賈納德如何能與抗爭，而自由式角力雖較古典式限制少，攻、防時手、足並用，可自由發揮，但由於角力規則規定兩種角力方式的勝負情況非常複雜，特別是：危險狀態，消極區域、消極比賽、壓制勝、延長賽得分相等時，由全體執法裁判行合議判定勝負等情況，往往令裁判困惑至發生不公平的判決，而觀眾更是一頭霧水，有看沒有懂。而中國摔角規則非常簡明、嚴謹，所謂雙方對摔，站立者勝，倒地者輸。沒

有那麼多繁瑣、糾纏不清的規定，有關中國式摔角技術方面，除了不准打人、踢人、咬人、攻擊要害外，可發揮周身技術，另外在採用的競賽制度方面，角力比賽以前採用所謂「罰分制」，之後又改採用「積分制」。運動比賽制度的採用，最重要的是制度要公平、合理，同時比賽場次的計算均有公式可循，而前述角力兩種賽制，均無法以公式計算出應賽場數，徒增競賽編排作業人員的困難，滋生事端，給賽會增加困擾，而中國摔角比賽常用的賽制「復活賽」與「循環賽」，則是多種運動項目最常被採用的運動賽制，因為此兩種賽制是最公平、公道的。更令人不解的是角力運動沒有有系統的護身倒法訓練，此對角力運動員的安全有非常大的影響，因此，角力運動員的運動傷害較之中國式摔角、日本柔道逐年增加。

(二)我國摔角與日本柔道之比較

日本柔道是在一九六四年在日本東京都，所舉辦的第十八屆奧林匹克運動會時，正式成為奧林匹克運動會的錦標賽項目，在人類歷史的長河中，日本柔道無論在時間、空間上比較均遠遜於中國摔角，而更重要的是日本柔道乃是由中國傳入，也可以套句日本常用語，柔道是中國摔角、擒拿的變體。歷史記載：陳元贇氏，明末清初人介紹中國文化於日本，陳氏為浙江省人氏，是一位很有成就的武術家及陶藝家，其人擅長少林武術，尤其精大明擒捕術（擒拿與摔角術）。有關陳元贇的出生、背景、行誼、歷史上有多種文獻均有記載，就其傳授中國武術予日本而言，茲摘錄兩段記述文字可證，其

一：梁敏滔先生所著——東方格鬥大觀，有關陳元贇拳法之道中曾有如下之記述：「明萬曆四十七年（日本元和五年），陳氏隨商船到日本長崎，後又至江戶（東京都）寄居於東京都麻布國正寺內，授拳於僧圭佐，久圓及寓居該寺之浪人福野、磯貝、三浦。」其二：黃滄浪（中華台北柔道十段大師）在其所著柔道學一書中所述：「明崇禎元年，國家政治腐敗，社會秩序不寧，流寇作亂……吳三桂引清兵入關，統治了中國時期明朝遺臣群起反清復明鄭芝龍降清，鄭成功深明大義在廈門領導志士復明，深恐力有不逮，特派遣三位特使赴日本借兵求援，陳元贇士為其中之一人。陳氏乃武術家，擅長少林拳術，尤其精摔角與捕人術，寄住東京麻布國正市，常遭日本浪人欺負，結果被陳氏一一擊敗，其時寺內三位日本武士——福野、磯貝、三浦見陳氏武藝高強，便拜師學習中國武術。從此中國數千年的武術便自此傳入日本，後經該三武士研發為柔術，之後復經——嘉納治五郎精研而成柔道。」

　　有關規則與技術方面簡要說明如下：柔道規則雖然較角力簡明、嚴謹、但因考慮所謂：消極行為或運動傷害規則太繁瑣，以致限制了技術的發揮如：

　　1.不可用單手或雙手抓對方腰帶、袖口、底襟，雙手不能抓對方側衣襟，或抓一隻衣袖；

　　2.不可使用纏腿，當對方使用大腰，丟體等技術攻擊己方時，不可以自己的腿從對方主力腿內側彆絆對方的主力腿等；

　　3.中國式摔角的架樑踢、崩、走外揣、掖手揣等技

術更不能使用。

以上諸多限制直接阻礙了柔道技術的發展。而中國摔角術卻沒有如此的限制，可自由發揮，另外在安全方面因柔道有寢技，即地面捉牢法（壓制、關節、勒頸法），尤其關節法與勒頸法，經常會發生嚴重的運動傷害，甚至休克、死亡。另外柔道的護身倒法是採用雙臂或單臂拍擊法，以減輕或抵消地面反作用力而保護被摔倒者的安全，但此種倒法只能在柔道場上鬆軟的土地上、草地上使用，無法在堅強的地面和凹凸不平的地面使用，否則手臂會受到嚴重的傷害，而中國摔角的護身倒法是採用身體捲曲的倒法，就當身體失掉平衡時，立即做出：低頭、雙手抱頭、收小腹、圈雙腿使身體成為一個圓形，如此不論任何地形絕不會受到傷害。

三、中國式摔角、希臘角力、日本柔道技術動作方面的比較

為了使三種運動的技術動作比較能有系統而清晰的說明，且避免與前文重複，故另立此款。

(一)技術動作的數量方面

1.中國式摔角技術動作

中國式摔角流派眾多計有：保定角、北平角、天津角、蒙古角（內蒙）、山西角。維吾爾族角（新疆）、朝鮮角（我國東北吉林省朝鮮族同胞所喜歡的民族傳統武術）、藏族角、侗族角（貴州省）、苗族角（雲南、貴州、湖南等省）、瑤族角（廣東、廣西、湖南等

省）、黎族角（海南省）等。有關中國式摔角的技術，究竟有多少，雖然沒有統計方面的文獻可考，但摔角界前輩曾有如下的話語：「中國摔角大絆三千、小絆多如牛毛」，此諺語可能有點誇張，但以前述各派、各地方經歷數千年、二十多個朝代所發展衍生出來的摔角技術少說也在四、五百種以上，即以摔角之鄉——山西省而言，僅抱腿摔的技術，即有四十餘種（山西省崔富海所著抱腿四十一招）。由王金玉著的『中國式摔角』和紀富禮編的『中國角法』中國摔角技術數以百計。中國式摔角攻、防技術複雜，動作繁多，摔角前輩常言道：大絆三十六、小絆七十二。常大師介紹摔角常用的技術計有：斜打、環、肘、鎖肘、拉、崩、揣、刁捋、上把前進後踢、下把後轉、後踢、高矮速動、撿腿、靠、抱、前進踢、後踢、分手、捋手、甩、摟、撅。以及彈擰、手合、纏腿、挑、飄、得合、抹捭踢、手扶子、扣、跪腿得合、圈臂、抄臂、抹眉踢、走外揣、掖手揣、接踢、補踢、削、掖手撿腿、切彆、穿襠等。以及由上述技術所變化出來的攻、防技術何止百種以上。

2.希臘角力技術動作

根據前蘇聯全國角力協會專家統計：自由式角力技術動作多，大約有三百八十多個，技術動作結構較簡單，但變化多，在使用時又可衍生出其他技術動作。每一個技術動作都有進攻、防守、反攻的變化。技術規律性差，運動員掌握的技術多，但比賽時能使用贏分的少。以上技術動作包括站立與跪撐的各種技術動作。有關古典式角力技術動作，在國際角力聯盟所發的技術錄

影帶和技術動作連續分解圖中，共有二百零八個技術動作。以上技術動作共分為八個類別即：擒抱類、轉移類、轉傳類、折類、提抱類、抱滾類、鎖拿類以及反攻類。

3.日本柔道技術動作

日本柔道最常用的技術動作多達八十四種：手部技術動作八種、腰部技術動作十種、腿部技術動作十二種、後倒與側倒摔法八種、地面壓制法十二種、勒頸法二十種、關節法十四種。

(二)基本技術動作紮實方面

在基本技術動作方面，乃指單人的基本功，也就是一個人練習的基本動作，在中國式摔角而言就是指所謂的「摔角式」，其主要作用乃在奠定基礎，在對摔之前用以磨練摔角技術的正確姿勢與增加體力。一旦進入對摔階段時，自能運用自如。在摔角而言，幾乎前文所示每一個技術動作都可以單獨練習，此項摔角式的練習，尤其對找不到對練的愛好者，有非常大的影響，而希臘角力、日本柔道均沒有設計單人基本動作，因此，單人基本功動作稱為中國式摔角一大特色，也是中國式摔角技術較優的部位。

四、推行中國式摔角幾件要事

(一)恢復中國式摔角在全國運動會的位階

自90年代起中國國內四年一屆的全國運動會，基於以奧運會戰略項目為主的決定，將中國式摔角摒棄在外，雖然仍有比賽，但沒有以往三、四十隊數百人參賽

的盛況，多少年來摔角幾乎到了無人過問的地步，甚至可說已處於自生自滅的狀態，唯今之計必須盡早恢復中國式摔角在全國運動會的比賽，才能使摔角恢復往日的光輝而進軍國際。

(二)整合摔角師資

師者所以傳道受業解惑也，推行摔角師資為第一要務，中國國內摔角人才濟濟如：文武雙全、術德兼修、碩果僅存的前輩——周士彬教授。技藝精湛的楊本培教練，家學淵源兼修角力的沈志剛，而摔角名家高手——山西省崔樹海和遼寧省高京、吉林省董雅臣、南京市王治堅、上海市聶宜新、江蘇省曹志洪、天津市何潤宗、山西省高書文、山西省崔富海、天津市王懷寶、王恩信、安徽省浦德華、山西省張毛清、薄建偉等。台灣由常東昇大師傳授的學生歐洲、美洲、亞洲各地為數不少，目前在台灣仍參與摔角教學工作的計有蘇成、朱玉龍、林奉文、常達偉、郭憲衡、吳正民、莊正忠與筆者，以上所列諸君皆為最佳的師資。

(三)百折不撓的毅力

毅力是成功任何事業不可缺少的要素，尤其在奧運逐漸走向精簡的趨勢，推動中國摔角，更需要堅強的毅力，1939 年第三十七屆國際奧運大會在開羅召開，年近八旬身體孱弱的老翁——日本柔道之父嘉納治五郎，千里迢迢跋涉到埃及首都開羅去說服國際奧會將他所提倡的柔道列入 1940 年東京奧運會中，雖然未竟其志，但 24 年後柔道終於成為奧運會的錦標項目，雖然 1964 年東京奧運會只有五個國家參加了奧運會柔道賽。但從那以

後，柔道在全世界的發展非常迅速，國際柔道聯盟已擁有一百六十多國。而韓國在爭取跆拳道列入奧運會中，更歷經艱辛，僅協助各國推行跆拳道教練就派出了數百人次。所費時間在十二年以上。

五、結論與建議

中國式摔角可說是世界上起源最早的武術，王寒生所著「中國武道道統概要」一文中。稱：「中國的角觝發展為拳術，視為中國武術『萬拳之母』。而樊正治先生在其所著『論角抵為國術之源』一文中，自名詞演變、動作分析、拳術的特徵、遊戲學理及現象中，討論中國角觝與拳術之間的關係與淵源中，證明中國古代角觝為國術之源。中國式摔角既是世界上最早的武術，又是萬拳之母及國術之源。此足可證明中國式摔角，無論在時間、內容其崇高的價值不容置疑的。事實證明中國式摔角在數千年歷史的演變中，雖然時興時衰，但一直受到宮廷、人民的喜愛，更在軍事作戰中，扮演著克敵致勝的角色。在格鬥競技中，中國式摔角始終佔有重要的地位。因此引起了世界各國的重視：中國式摔角在歐美許多國家，甚至非洲國家間亦越益興盛，法國、義大利、西班牙、美國、瑞士、德國、比利時、荷蘭，以及阿爾及利亞等國家有很多愛好者。早在 90 年代初，法國、義大利、西班牙和美國已經正式成立了中國摔角協會，並經常展開活動，現在各國成立的摔角協會更多了。2001 年梁敏滔先生發起在香港成立了國際摔角聯合會，並於四月份在香港舉辦了「中國、港、台兩岸三地

中國摔角文化交流活動」，而此屆會員已增加至二十餘國家與地區。

　　1992 年 11 月 14 日北京晚報記者孫保生、竇鳳生發表了一篇報導中國摔角，在歐美興起的文章：「牆裡開花、牆外香，在中國屢見不鮮，這些年來中國式摔角在歐美悄然走紅。」當時北京市武術院還收到了一份邀請函，而院長著名的武術家——吳彬先生，副院長毛新建興奮對記者說這真是想不到的事，中國跤在國內受到冷落，幾乎處於自滅的狀態，沒想到卻受到老外的歡迎，一些國家還成立了中國跤協會，真是星火燎原之勢。

　　以上所述證明好的東西，雖然被一時忽略，卻不會永遠埋沒，中國摔角是運動，也是武術，不但健身，更可防身。被摒棄實在是遺憾。中國式摔角不受到當時主政的重視，筆者推想主要原因是集中力量向以西方體育運動項目為重的國際體壇進軍，如今從小球轉動地球，從衝出亞洲進軍國際。從亞運至奧運，從夏季奧運，至冬季奧運已獲得輝煌的成績，現在應該將我中華民族較西方運動優良的項目，向國際進軍決不可置之不理，甚至棄之如敝屣。要了解拋棄了中國摔角，不只是單純運動項目，而是拋棄了中國的文化，一個不重視自己文化的國家是不會受到國際尊敬的。深切的盼望我中國奧林匹克委員會在中國政府全力支持下，運用各種方式早日將中國式摔角推荐入奧林匹克運動會。其次，可將太極拳推手比賽一併推荐入殘奧運會中，推手比賽較之柔道比賽對視障運動員、健身，特別是安全方面助益良多。

常東昇字漫天，河北省保定人，回族，生於 1911
年，歿於 1986 年。中國式摔角的傳承者，將中國摔角傳
至國際體壇、武壇的第一人，人稱花蝴蝶、常勝將軍及
武狀元，摔角術已由技而至藝術境地。

周士彬，中國著名的體育教育家，摔角、柔道、拳
擊、舉重、體操全能，著書立說，著名的文化人。1947
年京（南京）滬（上海）埠際摔角對抗賽與常大師摔成
平手。

梁敏滔，中國武術界前輩曾教於著名武術家佟忠義
學習中國摔角亦擅長柔道，著書立說為武術一代傳人。

郭慎（筆者），山西省五台縣人，幼年隨外祖父學
習摔角，1957 年隨常大師學習摔角並追隨任助教 16 年，
中華台北摔角協會教練、裁判、國際角力、舉重、健美
教練、裁判、田徑、籃球、健力、刺槍術裁判、中國文
化大學國術系兼任教授。

　　本論文是筆者於民國 90 年 12 月 3 日至 9 日在中國北京奧林匹克委員會海峽兩岸運動術語研討會中提出經與會代表認可，中國奧會秘書長——屠銘德先生請筆者撰寫提供參考（附會議照片，圖中上方正中者爲屠秘書長，圖左最後爲筆者）。

導引養生功 系列叢書

張廣德　養生著作

每冊定價350元

全系列為彩色圖解附教學光碟

大展好書　好書大展
品嘗好書　冠群可期

大展好書　好書大展
品嘗好書　冠群可期